아이 함께 키우며
더불어 살아가기
구름산자연학교 육아공동체 이야기

아이 함께 키우며 더불어 살아가기
구름산자연학교 육아공동체 이야기

초판 1쇄 인쇄 2021년 5월 5일
초판 1쇄 발행 2021년 5월 15일

지은이 전가일
펴낸이 김승희
펴낸곳 도서출판 살림터

기획 정광일
북디자인 이순민
그림 배덕현(우주)

인쇄·제본 (주)신화프린팅
종이 (주)명동지류

주소 서울시 양천구 목동동로 293. 22층 2215-1호
전화 02) 3141-6553
팩스 02) 3141-6555
출판등록 2008년 3월 18일 제313-1990-12호
이메일 gwang80@hanmail.net
블로그 https://blog.naver.com/dkffk1020

ISBN 979-11-5930-192-6 03370

이 책의 인세는 구름산자연학교의 후원금으로 전액 기부됩니다.

구름산자연학교 육아공동체 이야기

아이 함께 키우며
더불어 살아가기

전가일(반딧불) 지음

살림터

외롭게 '육아 고립'을 견디는 이들에게

첫아이가 이제 막 이동 능력(!)을 갖추어 배밀이를 시작한 7개월 무렵이었다. 나는 남편이 이른 아침 출근하고 나면 하루 종일 아이와 둘이서 아등바등하며 하루하루를 겪어내고 있었다. 양가 부모님이 가까이 살고 계시지 않았고 서울에는 가깝게 오가는 일가친척도 없었다. 남편은 이른 아침 출근해서 아이가 잠자리에 들고 난 늦은 밤에야 퇴근을 했다. 당시에는 그런 표현을 머리에 떠올릴 겨를도 없었지만 돌이켜 보니 그야말로 진정한 '독박 육아'였다.

　가만히 누워만 있던 아이가 움직이기 시작하니 아이 주변을 살피며 계속 따라다녔고 그러다 돌아보면 어느새 설거지와 빨래, 이유식 만들기 같은 온갖 집안일이 가득 쌓여 있었다. 게다가 대학원 복학을 앞두고 있었던 터라 그 와중에 어떻게든 짬을 내어 책 한 페이지라도 더 읽으려 안간힘을 쏟았다. 그러던 어느 날, 아이가 배탈이 나서 하루 종일 설사를 했다. 나 먹을 밥은 못 해도 아픈 아이 먹일 이유식은 이것저것 만들어서 어떻게

든 한 숟가락이라도 입에 넣어주려 했고, 계속되는 설사에 엉덩이가 짓물러 기저귀를 갈 때마다 날카롭게 우는 아이에게 차가운 녹차 물을 발라주고 호호 불어대며 나도 같이 울었다. 그렇게 아이의 성난 엉덩이를 조금이라도 덜 자극하려고 면 기저귀를 채우고, 아이가 설사할 때마다 기저귀를 갈아대고, 젖을 물리고, 우는 아이를 동동거리며 포대기로 업고, 겨우겨우 달래어 재우고 시계를 보니 밤 9시. 간신히 정신이 들어 집 안을 살펴보니 온통 엉망이었다. 욕실에는 똥 기저귀가 그득했고, 싱크대에는 그릇들이 뒤엉켜 있었으며, 무엇보다도… 너무 배가 고팠다. 그제야 그날 한 끼도 먹지 못했다는 걸 알았다. 그 사실을 깨닫자 뱃속부터 설움이 밀려 올라와 더 이상 참을 수가 없었다. 아직 퇴근하지 않은 남편에게 전화를 했다. 이미 시작된 설움을 참을 길이 없어서 울음을 숨기지 못한 목소리로 말했다. 너무너무 힘들다고, 더 이상은 못 하겠다고, 오늘은 일찍 들어올 수 없겠냐고, 나를 좀 도와달라고. 그때 전화기 너머 남편의 그 차가운 음성을, 아니 음성의 그 차가움을 아직도 기억한다. 남편은 말했다.

"당신이 힘들어도 내가 도와줄 수 있는 건 없어. 지금 퇴근할 수도 없고. 앞으로도 그럴 거야. 그러니까 아이 키우면서 당신 힘든 거 나한테 기대려고 하지 마, 이야기도 하지 말고. 받아줄 수 있는 당신 친구들에게 이야기해."

그날 밤, 무슨 힘으로 그 칠흑 같은 시간을 보냈는지 모르겠다. 그래도 몇몇 기억은 아직도 또렷하다. 전화를 끊자 목구멍에서 맴돌던 설움이 폭발해 울음이 오열로 바뀌었지만 겨우 재운 아이가 깰까 봐 입을 틀어막았던 기억, 아이를 업은 채 연신 눈물을 훔치던 기억이 난다. 그때 나를 덮쳤던, 생의 벼랑 끝인 것만 같았던 외로움도 기억한다. 그리고 또 한 가지, 그날 내 몸과 마음을 관통했던, 독박 육아의 고단함으로 인한 설움이 곧 남편에 대한 원망을 넘어 누구에게랄 것 없는 불특정 다수, 그러니까 다소 거창하게 말하자면 이 사회에 대한 분노와 의구심으로 번졌다는 것도 기억한다. 그때, 스물여덟 살의 젊은 엄마였던 나는 생각했다, 이 '외로움'은 무언가 온당치 않은 일이라고. 아이를 키운다는 것이 이렇게 아무에게도 기댈 곳 없이 혼자 짊어져야 하는 그런 '개인적'이고, '외로운' 일이 되어서는 안 된다고. 그때, 스물여덟 살의 어린 나는 막연히 느꼈다. 이건 무언가 잘못되어가고 있는 것이라고.

살면서 아이들 키우는 문제로 심장이 쿵 내려앉는 일이 생길 때마다 그때의 기억이 떠올랐다. 젊은 시절에는 남편의 그런 반응을 아무리 돌이켜 생각해봐도 도무지 이해할 수 없었다. 특히나 다른 사람을 배려하는 태도가 몸에 익은, 그래서 주위 사람들에게 '착한 사람'(하지만 난 이 세상에 '착한' 사람은 없다고 생각한다. '착한'이 아니라 그냥 여러 부류의 사람이 있다고, 그냥 '사람'이면 된다고 생각한다)으로 불리는 남편을 떠올리면 더더욱 이해할 수 없는 일이었다. 그러나 세월이 지나 스물여덟의 나를 떠올리듯, 서른하나의 남편을 떠올려

아이 함께 키우며 더불어 살아가기

본다. 서른한 살의 젊은 아빠. 이제 막 들어간 회사에서 대리 직함을 달고 층층시하의 상사들과 박봉에 시달리는 고된 직장생활을 하면서 생애 처음으로 아빠라는 역할을 맡은 젊은 남편을 떠올려본다. 엄마가 처음이라 아이의 설사와 성난 엉덩이에 속절없이 무너져 외로움을 마주해야 했던 나 못지않게 고단하고 외로웠을 서른한 살의 남편. 우리 둘 다 부모는 처음이어서, 그런데도 어디 하나 기댈 데가 없어서, 서로와 아이 앞에서 너무나 허둥댔고, 각자의 일터에서는 안간힘을 써야 했다. '내가 여기서 미끄러지면 아이에게 아무도 없다'는 생각에 가끔은 그렇게 생의 벼랑 끝인 것처럼 외로웠다. 아이를 키우는 데는 마을 하나가 필요하다고 했는데 마을은커녕 '나 하나뿐'인 상황에서 그렇게 안간힘을 썼으니… 여기까지 생각이 미치면 첫아이를 키우면서 마주한 우리의 어려움은 남편이나 나의 '인간다움'의 문제가 아니라 지극히 사회적인 일을 개인적이고 외로운 일로 겪어내야 했던 상황 탓이라는 마음이 들어 그 스물여덟 살의 나와 서른한 살의 남편이 그저 가여워진다.

어쨌거나 그렇게 간신히 해낸 어설픈 엄마 아빠 노릇에도 불구하고 큰아이는 사랑스럽게, 몸과 마음 명랑하게 잘 커주었으니 그저 아이에게 고맙고, 하느님께 감사할 뿐이다. 그리고 뜻하지 않게 9년 만에 찾아온 둘째 덕분에 뒤늦게 해본 두 번째 부모 노릇. 두 번째이니 더 쉬울 줄 알았지만 정말이지 큰 착각이었다. 서른일곱 살이 되어서 맞은 두 번째 부모 노릇에도 허둥대기는 마찬가지였다. 우리는 여전히 서로 허둥댔고 어설펐고,

직장에서는 첫째 때보다 오히려 더 고단했으며, 여전히 기댈 데는 없었다.

그러다가 둘째 아이가 지역의 한 공동육아조합 기관에 들어가면서 구름산자연학교라는 공동체를 만났다. 지난한 육아 고립의 끝에 만난 그들은 마치 딴 세상을 사는 사람들 같아 보였다. 이들은 조합의 아이들을 자기 아이처럼 돌보는 데 지극히 자연스러웠고, 서로에게 자기 아이의 약점을 감추지 않았으며, 누군가의 부재에 따른 돌봄 공백을 서로 채워주는 일에 능숙했다. 이들은 나처럼 '여기서 내가 미끄러지면 아이에게 아무도 없다'고 생각하지 않는 것 같았다. 이들에게선 뒤에서 받쳐줄 사람이 있는 사람들에게서만 느껴지는 여유가 풍겨났다. 이들은 나처럼 벼랑 끝에 선 사람의 위태로움 같은 것이 느껴지지 않았다. 나는 그들이 진정으로 부러웠고 또 궁금했다. 저 위태롭지 않음, 저 여유는 대체 어디서 나오는가? 그렇게 해서 나는 '진짜 놀이'를 할 수 있는 좋은 기관에 아이를 입소시켰다는 만족감을 넘어서 '공동육아'와 '조합'에 대해 탐구하기 시작했다.

공동육아의 이름으로 '아이 함께 키우기'와 '함께 살기'를 지향하는 육아·교육 공동체인 '구름산자연학교'는 2003년 경기도 광명시 노온사동에서 첫발을 내디뎠다. 그 전해에 구름산자연학교의 전신 '온사어린이집'의 교사들과 학부모들이 노온사동으로 옮겨오면서 조합을 결성했고, 모두 7명의 교사가 3개의 유아반과 방과후반을 갖추어 지금의 터전에서 발족식을 가진 것이다. 하지만 이렇게 시작된 구름산자연학교는 시작 직후부터 교사조합원들 간에 큰 갈등을 겪었고, 결국 주요 창립 멤버였던 몇몇 교사조합원들이 두 가정의 학부모조합원과 함께 또 다른 기관을 설립해서 나갔다. 이 과정에서 조합의 내분과 갈등을 힘들어하던 많은(당시 거의 절반에 가까운) 학부모들이 조합을 떠났다. 구름산자연학교 창립 멤버이자 교사인 우주는 그때를 "학교가 존폐의 위기에 놓였던 가장 힘들었던 순간"이라고 떠올린다.

그 위기의 순간에 구름산자연학교에 남은 4명의 교사들, 우주, 옹달샘, 별똥, 나비는 초심으로 돌아가 "어떻게든 이곳을 지켜내겠다"라는 결심으로 뭉쳤다. 자신들의 급여를 스스로 낮추는(당시 교사 급여를 50만 원으로 낮추었다)는 것을 시작으로, 출퇴근 시간도 따로 없이 의기투합해 조합을 건실하게 재건하는 데 총력을 기울였다. 우주의 표현을 빌리면 당시 그들에게는 "학교가 삶의 전부"였다. 그렇게 한 해 한 해가 지나면서 조합은 탄탄해져갔고, 조합은 광명 일대에 '친환경 급식'과 '자연친화적 활동', '아이들을 사랑하는 교사', '가족 같은 조합원들'로 긍정적인 소문이 났다. 한때는 입학 희망자가 너무 많아 '부모 면접'을 실시해야 할 정도로 명성이 자자했다. 10여 년 전 학부모조합원이 된 딸기와 민들레는 "부모 면접은 경쟁률이 10 대 1이었고 입학하고 싶다는 간절함을 호소해야 했다"고 기억한다. 민들레는 합격 전화를 받고서 어찌나 기뻤던지 직장 사무실에서 큰 소리를 질렀고, 사무실 동료들도 덩달아 기뻐하며 축하해주었다고 한다.

그러나 이제 상황이 달라졌다. 5년 전쯤 시작된 공보육이 확대되고 국

공립어린이집은 확충되는 반면, 지역 유아들의 수는 점차로 감소하기 시작했다. 대부분의 대안 유아교육기관이 그러하듯이, 구름산자연학교도 이제 피할 수 없는 위축을 경험하고 있다. 입학 지원자 수는 점점 감소했고, 한때는 지나치게 많았던 '대기자'는 이제 찾아보기 힘들다. 해가 갈수록 심해지는 지원자 감소와 정원 미충원으로 조합의 살림은 더욱 어려워졌다. 무엇보다 시간이 지날수록 '함께하는 삶'을 생각하거나 지향하는 이들이 희귀해져 조합의 공동체성이 약화되어가는 것은 이들이 마주한 가장 큰 난관이다. 설상가상으로 코로나 팬데믹 상황에서 구름산자연학교는 2020년 한 해 동안 그야말로 힘든 시간을 보냈으며, 2021년을 맞이한 이 시점에도 조합의 미래는 불투명성과 불확실성으로 가득 차 있다.

원고를 마무리하던 얼마 전, 우주와 오랜만에 통화를 했다. 2021년도 신입생 지원이 한 명도 없어 걱정이라면서 이렇게 말했다. "그래도 우리 교사들은 마지막 한 사람이라도 꼭 남아서 구름산자연학교를 지키자고 한마음으로 이야기했어요." 우주의 이야기를 들으며 마음 한편이 쿵 하고 내려앉았다. 대체 이들의 이런 마음과 의지는 어디에서부터 나오는 것일까? 조합원이 되어 함께할수록 공동육아 또한 멀리서 보는 것과 달리 많은 어려움이 있다는 것을 나 또한 경험했다. 그래서 여전히 궁금하다. 이들은 대체 왜 이런 수많은 어려움을 겪었음에도, 그리고 여전히 그 어려움 한가운데에 있으면서 조합을 포기하지 않는 걸까? 이들에게 공동육아는 어떤

아이 함께 키우며 더불어 살아가기

경험이고 어떤 의미일까? 이 육아 고립의 시대에 아이를 함께 키운다는 것은 이들에게 그리고 우리 사회에서 어떤 가치가 있는 걸까? 그래서 나는 조합원이 되어 그들과 함께 '아이 함께 키우기'를 체험했던 1년 동안, 교사와 부모조합원들을 만나 대화를 나누었으며, 아이들의 산행을 따라다녔고, 터전을 오가며 아이들을 만났다. 둘째 아이가 졸업한 뒤로 나는 더 이상 조합원이 아니었지만 지금까지 몇 년이 넘도록 나의 탐구는 계속 이어지고 있다. 탐구를 이어오는 동안 조합의 살림은 사회 상황에 따라 점점 더 어려워졌다. 나는 지금까지 이렇다 할 결과물을 내지 못한 무능력을 자책하며 이 글을 쓰기 시작했다. 그동안 구름산자연학교에서 발견한 것들

을 엮어내는 이 소박한 작업이 조합에게 조금이라도 도움이 되기를 바라면서, 그리고 설사 시대의 큰 변화 속에서 언젠가 구름산자연학교가 문을 닫을지라도 이들에 대한 기록을 남기는 것이 나와 같은 질적연구자의 책무가 아닐까 하는 마음에 이 책을 집필했다.

이 글은 지난 몇 년간 구름산자연학교에서 만난 사람들을 통해 발견한 공동육아의 어려움, 그리고 그럼에도 불구하고 자리를 지킬 만한 사회적 자본으로서의 공동육아의 가치, 4차 산업혁명과 포스트휴먼이라는 뉴노멀시대와 조우할 수 있는 미래교육의 통찰에 대한 탐구의 기록이다. 이 탐구를 기꺼이 허락해주고 자신들의 삶의 자리를 내어준 조합 식구들에게 감사드린다. 그들은 이 사회에서 오랫동안 잠자고 있던 '아이를 함께 키운다'는 것의 의미를 일깨워주었다. 삶의 일상 속에서 그 의미를 보여주고 계속해서 그 실천을 지속하고 있는 조합원 모두에게 감사와 존경을 보낸다. 이 글은 온전히 그들의 것이다.

아이 함께 키우며 더불어 살아가기

1부

구름산 부모들의 '공동육아' 이야기

구름산 사람들의
일 년 살이

둘째 아이를 위해 구름산공동육아조합에 가입하고(아이만을 위한 선택이 아니었음을 훗날 깨닫지만) 조합원으로서 맞은 첫 행사는 신입생 오리엔테이션이었다. 학기가 시작되기 전인 2월의 어느 토요일, 처음으로 교사와 부모조합원들을 만났다. 구름산조합의 역사와 구름산에서 '아이'라는 존재를 어떻게 바라보는지가 담긴 짤막한 동영상 시청, 조합장의 정관 설명, 조합 내 소위원회(터전위원회, 입학위원회 등)와 동아리 안내 등이 이어졌다. 그중에서도 내가 지금껏 잊지 못하는 오티의 백미는 바로 교사들의 '연주'였다.

오티를 시작하면서 '교사들의 연주'가 있다며 리코더와 첼로를 가지고 등장하기에, 평소 '음악인'을 자칭하는 나는 세련되고 능숙한 연주를 기대했다. 그런데 곧이어 시작된 교사들의 연주는 그야말로 특이성들의 집합이었다. 첼로와 리코더는 서로 튜닝을 했나 싶은 생각이 들 정도로 음이 맞지 않았고 고음에서의 삑사리, 음과 박자 이탈이 계속 이어졌다. 사태가 그 지경에 이르자 보고 있던 내 뺨이 다 벌게지는 것만 같았다. 그런데 정작 교사들은 "지난 몇 주간이나 연습"을 한 자신들의 노고를 숨기지 않고 지극히도 당당하게 연주에 집중했으며, 기존 조합원들은 그런 교사들을

아이 함께 키우며 더불어 살아가기

사랑스럽다는 듯 엄마-아빠미소로 바라보면서 진심으로 즐기고 있었다.

그 순간 알았다. 교사들의 그 어설픈 '연주'를 보며 안절부절못하는 것은 나뿐이라는 것을… 순간 음악을 즐긴 사람은 음정과 박자라는 질서에 매여 정확함과 탁월함만을 따지며 바로 앞에 펼쳐진 음악의 순간을 향유하지 못한 내가 아니라, 어설프지만 당당히 연주하고 또 그 연주에 환호로 답했던 이들이 아니겠는가. 학부모 행사 하나라도 할라치면 연습을 하고 또 해서 꽤나 잘하지 않으면 안 되는 줄로 알아왔던 내가, 무언가 남들 앞에서 보여주려면 반드시 완성된 것이어야 한다고 생각했던 내가 얼마나 촌스러운지…. 나는 나 자신에 대한 부끄러움으로 다시 한번 얼굴을 붉혔다.

오티 이후로도 구름산에는 일 년 동안 조합원으로서 해야 할 많은 일들이 기다리고 있었다. 해오름 산행, 텃밭갈이, 조합원 공동체 교육, 운동회, 고구마 심기, 엄마의 밤, 마을 어르신의 날, 김장잔치, 정기총회, 작은맺음(수료)과 큰맺음(졸업)과 같은 조합 전체의 일 외에도 터전위원회의 대청소나 텃밭 정리, 입학위원회의 입학설명회 준비와 학교 홍보, 각종 동아리들의 크고 작은 일들이 계속 펼쳐진다. 조합의 굵직한 행사만 표시되어 있는 한 해 계획을 처음 보자마자 '아, 공동육아조합이라는 곳에 아이를 입학시켰는데, 아이가 아니라 내가 일해야 하는 곳이구나' 하는 깨달음(!)을 일찌감치 얻었다. 어떤 일을 하면서는 너무나 즐거웠고, 어떤 일을 하면서는 왜 이렇게 하는 것인지 의아했으며, 때로는 잃어버린 시간을 되찾은 듯한 감동을, 그리고 대부분의 경우에서 크고 작은 배움을 경험했다. 구름산 사람들의 한 해에는 대략 다음과 같은 일들이 펼쳐진다.

월	일정 및 내용
3	해오름(입학 산행) / 봄 텃밭갈이(봄 농사 준비) / 공동체 교육
5	봄소풍 / 운동회 / 고구마 심기
6	매실청 담그기 / 엄마의 밤(엄마 및 여성 교사들의 1박 캠프)
7	마을 어르신의 날(초복) / 여름 들살이 / 방학 / 방과후반 도보여행
8	여름 계절학교 / 개학 / 가을 텃밭갈이(가을 농사 준비)
9	공동체 교육 / 아빠의 날(아빠와 아이들의 야간 산행)
10	졸업여행 / 고구마 캐기 / 방과후반 가을 들살이
11	입학설명회 / 김장잔치(배추 수확부터 절이기와 양념하기)
12	가족모임 / 방과후반 밤마실 / 유치부 특별수업 / 겨울방학식 / 방과후반 도보여행
2	개학(1월) / 정기총회 / 새내기 길라잡이 / 큰맺음(졸업식) / 작은맺음(수료식)

　　해오름 산행은 매년 3월 1일인데 기존 조합원들과 새로 입회한 조합원
들이 구름산에 올라 각 반에 새로 들어온 식구들을 소개하고, 각 반 아이
들과 교사조합원들이 서로 인사하며 앞으로의 한 해를 시작하는 날이다.
이날 오르는(낮은 구릉이라 '오른다'는 표현은 좀 무색하지만) 구름산의 중턱은 구름산
자연학교 아이들이 일주일이면 서너 번쯤 산책이나 산행을 나오는 주요 활
동 공간이다. 전체 해오름 산행이 끝나면 반별 혹은 동아리별로 소박한 점
심 모임을 갖는다. 특히 나처럼 중간에 신입 조합원이 입회한 반은 모임을
통해 통성명도 하고 서로의 아이들에 대한 호구조사(?)도 한다. 구름산 사
람들은 모두 서로를 별명[1]으로 부르는데, 이 별명이란 게 외우기도 쉽지만

---

1) 이 책에 나오는 구름산자연학교 교사 및 부모들의 모든 이름은 조합 내에서 사용하고 있는 별명임.

해오름 산행

서로의 직업이나 학벌, 나이 등을 궁금해하지 않고 지금 내 앞에 있는 그 존재 자체만을 바라보게 하는 기묘한 힘이 있다.

봄과 가을로는 터전 뒤에 있는 텃밭에서 텃밭갈이를 한다. 봄에는 한 해 농사를 위해 땅을 갈아엎어 부식토를 섞고, 가을에는 내년 농사를 위해 추수가 모두 끝난 밭을 정리해두어 겨울을 날 준비를 한다. 우주와 아빠 조합원들이 아이들과 함께 밭을 갈아엎는 동안 엄마 조합원들과 교사들은 전도 부치고 묵도 무치고 잡채도 만든다. 밭갈이가 끝나면 다 같이 둘러앉아 막걸리와 함께 준비한 음식을 먹으며 두런두런 이야기를 나눈다. 텃밭갈이 후 막걸리와 함께하는 이 시간은 꽤 늦도록 이어지곤 한다.

봄가을에는 일 년에 두 번 이루어지는 공동체 교육도 있다. 환경문제,

생협의 역할, 미디어의 영향, 손작업의 의미 등 주제는 그때그때마다 다양하다. 5월이 되면 아이들은 봄소풍을 가고, 엄마와 함께 갈아둔 텃밭에 고구마를 심는다. 그리고 날씨 좋은 토요일을 골라 모든 조합원이 함께하는 운동회를 여는데 최근에는 미세먼지 때문에 날짜를 잡기가 좀처럼 쉽지 않다. 6월이 되면 엄마와 아이들이 매실청을 담그고, 조합의 모든 어른 여성들의 날인 '엄마의 밤' 행사가 있다. 이 행사에서는 교사조합원과 엄마 조합원들이 터전에서 '아이 없이' 1박을 하며 온갖 오락과 유흥(!)을 즐긴다. 가을에는 '아빠의 날'도 있는데 '엄마의 밤'이 여성 조합원들이 아이 없이 보내는 1박이라면, '아빠의 날'은 아빠 조합원들이 아이와 함께 보내는 하루이다(왜 그런지는 곰곰이 생각해 보면 누구나 쉽게 알 수 있을 것이다).

7월 한여름에는 7세반 아이들이 터전에서 친구, 교사들과 하룻밤을 자는 여름 들살이를 한다. 들살이에서는 특별식(평소 잡곡밥과 나물이 주 식단인데 이날만큼은 김밥이나 떡볶이도 먹는다)도 먹고, 교사들이 몇 주에 걸쳐 준비한 그림자극도 관람하고, 캄캄한 밤에 논두렁에 나가 논두렁길의 이 끝에서

여름 들살이 그림자극 관람

아이 함께 키우며 더불어 살아가기

저 끝까지 걷는 담력 훈련(!)도 한다. 많은 아이들이 몇 걸음 떼다가 되돌아오는 일을 여러 차례 반복하다가, 그 어두운 길의 끝에 우주가 서 있다는 사실에 용기를 얻어 친구와 손을 꼭 잡고 결국 완주(?)한다(이 장면을 꼭 보고 싶었는데 아직까지 여름 들살이를 직접 관찰할 기회를 얻지 못했다. 하지만 우리 아들과 우주의 말을 조합해 몇 번씩이나 혼자 상상해본 덕에 마치 본 것 같은 착각이 들기도 한다). 밤에는 터전 앞마당에 핀 봉숭아꽃으로 손톱에 곱게 물을 들이고, 실로 꽁꽁 싸맨 봉숭아꽃이 빠지지 않도록 손을 가지런히 모아 가슴에 얹은 채 엄마 없는 잠을 청한다.

여름 들살이가 끝나면 이제 몇 주간의 여름방학이 있고, 여름방학 동안 방과후반이 교사들과 함께 자전거 도보여행을 한다. 자전거를 타고 2박 3일 동안 하루에 수십 킬로미터씩 가는 무동력 여행이다. 도보여행 사진을 볼 때마다 아이들과 교사들의 땀내와 심장의 펄떡거림이 전해진다. 여름방학이 오기 전에 부모들이 함께 준비해야 하는 중요한 행사 중 하나는 '마을 어르신의 날'이다. 해마다 초복이면 조합에서 삼계탕을 준비해 마을 어르신들을 대접한다. 구름산자연학교가 광명 노온사동에 자리를 잡은 지 17년이 되어가는데, 그동안 이웃들과 큰 마찰 없이 지낼 수 있었던 것은 이러한 노력들도 한몫했으리라. 아이들의 노는 소리, 부모들의 북적거림이 때로 이웃들에게는 소음일 수도 있을 텐데, 그런 소리들을 흐뭇하게 지켜봐준 이웃에 대한 감사와 앞으로도 잘 부탁한다는 인사가 담긴 대접의 음식이다. 찬은 오이와 김치, 그리고 김치전뿐이지만 수십 마리의 닭을 커다란 솥에서 푹푹 삶은 삼계탕 덕에 상은 더할 나위 없이 푸짐하다. 아이들은 어르신들 앞에서 평소 잘 부르던 소박한 노래들을 하나씩 부른다.

마을 어르신의 날

한여름에 닭을 삶고 상을 차리느라 땀이 목을 타고 계속 흐르지만 그 흐
뭇한 모습에 끈적임도 잊는다. 그러면서 난 단지 개념의 단어였던 '구슬땀'
이 내 몸으로 육화되는 것을 경험한다.

　　가을이 되면 7세반 아이들이 졸업여행을 하고, 봄에 심은 고구마를
수확한다. 그리고 나면 방과후반 아이들과 졸업한 아이들을 대상으로 하
는 방과후 들살이가 있다. 우리 작은아들도 졸업 후에 이 방과후 들살이
에 꼭 참석하고 싶어 한다. 오랜만에 만나 서먹하지 않을까 걱정되지만 아
이들은 놀면서 이전에 자기 몸에 새겨진 상대에 대한 기억을 금세 되찾기
때문에 어색함은 곧 사라진다. 몸에 새겨진 것은 이토록 놀랍도록 강하다
는 걸 아이들을 보면서 매번 배운다. 11월이 되면 입학위원회에서 입학설
명회를 준비한다. 내가 조합원이던 해에는 광명 시민장터에 2개의 부스를
신청해서 학교를 홍보하기도 했다. 11월의 가장 중요한 과업은 뭐니 뭐니
해도 김장이다. 낮에 아이들이 텃밭에서 배추를 뽑아놓으면 저녁에 퇴근
한 아빠들이 모여 배추를 손질하고 다듬어 절인다. 다음 날 낮에 엄마들

아이 함께 키우며 더불어 살아가기

입학설명회

이 아이들과 함께 만든 김칫소로 김치를 무치고 땅속에 묻은 항아리에 차곡차곡 담는 것으로 김장은 마무리된다. 항아리에 직접 키워 담근 배추김치를 한가득 담아 뚜껑을 덮을 때의 그 뿌듯함이라니… 결코 겨울이 겁나지 않았다.

　김장이 끝나면 시간은 무척이나 빨리 흐른다. 방과후반 친구들이 그동안 일군 자신들의 배움을 뽐내는 밤마실, 유아반의 특별수업을 지나 겨울방학이 되고, 겨울방학 중에 또 한 번의 도보여행을 다녀오면 어느새 새해가 된다. 새해 들어 가장 큰 과업은 조합의 총회이다. 조합원 총회에서는 지난해의 회계 결산과 당해의 예산을 결정하는데, 이 자리에서 원비가 책정되기에 총회의 결과는 모든 조합원의 지고한 관심사이기도 해서 대부분의 조합원이 총회에 참석한다. 총회에서는 다양한 항목의 지출에서부터 교사들의 급여까지 모든 예산이 정해진다. 구름산 사람들은 교육 교사들뿐 아니라 차량 교사들까지 모두가 조합원이라서 조합원 총회는 서로 하기 어려운 이야기들을 나누어야 하는 매우 불편한 자리이다. 또한 조합의

김장잔치

살림살이가 어려울수록 고통스러운 자리이면서 결코 피할 수 없는 자리다. 내가 조합원이던 2018년도 총회도 마찬가지여서 저녁 7시에 빨강불의 집에서 시작된 총회는 새벽 2시가 되도록 정확한 결론을 맺지 못한 채 마무리되었다. 대다수가 근심하면서 시작되어, 누군가는 서운함을 토로했으며, 누군가는 미안함에 울었고, 누군가는 다독이다가… 결국 대다수가 다시 교육비를 낮출 방법을 찾지 못해 답답해하면서 일어나야 했다.

이런 날들 속에서도 아이들은 무럭무럭 자라 작은 반 아이들은 작은 맺음(수료)을 해서 진급을 하고 7세반 아이들은 큰맺음(졸업)을 하고 초등학교에 입학한다. 큰맺음 때에는 아이들이 모두 명예와 영광을 상징하는 월계관(이 월계관은 교사들이 며칠 전부터 손수 만든다)을 쓰고, 각자 자신이 만든 밀랍초에 불을 밝히고(불은 영혼과 지성, 몸을 밝힌다는 뜻이다) 한 명씩 입장한다. 교사는 그동안 아이의 작업물이 담긴 포트폴리오를 하나하나 소개한다. 그리

아이 함께 키우며 더불어 살아가기

큰맺음, 유아반 졸업식

고 (아마도 우주가 몇 주에 걸쳐 공들여 만들었을) 졸업생 아이들에 관한 동영상을 시청한다. 동영상은 지난 3년 동안 아이들이 어떻게 지냈는지 보여주는데, 한 명 한 명의 아이가 어떤 아이인지 이야기한다. 우리 아들이 큰맺음을 할때 담임인 우주가 이야기한 우리 아이에 대한 표현은 "진실한 주원이"였다. 영상은 아이들에 대한 교사들의 바람이 담긴 글로 마무리되었다. "우리는 아이들이 훌륭한 사람으로 자라기를 바란 것이 아니었다. 그냥 이곳에서 행복하게 지내기를 바랐다… 우리 아이들의 웃음을, 눈물을, 짜증과 분노를 그리고 욕심을 사랑한다"는 부분에서 왈칵 콧등이 뜨거워진다.

그렇게 구름산의 아이들은 맺음을 하고, 새로운 조합원들이 들어오고, 다시 신입생 오티를 한다. 그렇게 올해 봄뿐만 아니라 앞으로도 아주 오랫동안(그렇게 되기를 간절히 소망한다), 구름산자연학교의 해오름 산행은 3월에 또다시 시작될 것이다.

'비합리적(!)' 일하기를
즐기는 사람들

조합원이 되고 나서 얼마 지나지 않았을 때, 몇몇 조합원들이 내게 동아리 가입을 권유했다. 조합에는 몇몇 동아리가 있었는데 대부분 암암리(!)에 활동 중이어서 아직 다 파악하지는 못한 상태였다. 같이 모여 반찬을 만들어 나누어 먹는 동아리, 화장품이나 친환경 세제 등을 만들어 나누어 쓰는 동아리, 함께 연주를 하는 세션 동아리 등이 있다. 그중에서도 매우 활발히 활동하는 동아리가 바로 텃밭 동아리, '자투리'이다. 보기와 달리(!), 나는 땅을 갈고, 씨를 뿌리고, 풀을 매고, 열매를 기다리는 농사일을 열렬히 좋아한다. 시골에서 자란 근성이 몸에 배어서인지, 목사였지만 농군이 훨씬 잘 어울리는 천직이었을 아버지를 닮아서인지, 나는 흙에서 무언가를 가꾸는 일을 좋아할 뿐 아니라 제법 잘하기까지 한다. 그래서 나는 주저없이 텃밭 동아리 '자투리'에 가입했다.

자투리는 매년 초에 동아리 회원들이 함께 농사지을 땅을 최대한 터전에서 가까운 농원으로부터 임대받아 한 해 동안 이런저런 채소를 기르고 수확물을 나누어 먹는 동아리다. 봄이 되자 자투리에서는 행사 하나를 계획했다. 대안교육에 대한 특강을 열고 조합원들과 지역 주민들을 초

아이 함께 키우며 더불어 살아가기

대하자는 것이었다. 강사로 몇몇 사람이 거론된 끝에 청소년 대안교육 잡지 〈고래가 그랬어〉의 발행인 김규항 선생님을 초빙하기로 했다. 그런데 강연 장소야 시에서 무료로 임대하는 강의실을 빌린다고 해도 강사료가 문제였다. 동아리 사람들은 처음에 강사료를 모두가 나누어 분담하자는 쪽이었다. 그러다가 누군가가 말했다.

"그건 너무 재미가 없잖아요. 우리다운 방식으로 해봐요. 자투리답게~"

나는 자투리다운 것이 어떤 것인지 금방 떠오르지 않았으나 동아리 사람들은 거침없이 이런저런 아이디어를 냈다. 최종적으로 결정된 '자투리다운' 방식은 이러했다. 분양받은 텃밭에 열무 씨를 뿌려 수확한 뒤, 그 열무로 김치를 담가 조합원들에게 판매하고 그 수익금으로 강사료를 마련하자는 것이었다. 모두들 입을 모아 그게 좋겠다고, 재미있겠다고 했다. 그래서 특강일도 열무를 수확해서 김치를 담글 수 있는 날짜로 잡았다. 약 2달 후, 동아리 회원들은 기대한 만큼은 아니지만 꽤 잘 자란 열무를 수확했

자투리 동아리의 열무김치 담그기

고, 김치에 일가견이 있는 한 회원의 지휘 아래 정말 맛있는 열무김치를 담갔다. 조합원 밴드에 올려서 예약 판매를 했는데, 그날 하루 만든 김치는 모두 매진되었다. 동아리 사람들은 열무를 뽑고, 다듬어 썻고, 양념을 만들어 무치면서, 쉼 없이 웃고 떠들었다. 회원들은 오전부터 시작해 점심을 먹고 난 오후까지 거의 하루를 다 보내야 했다. 그런데…

하루 종일 열무김치를 만든 날 저녁, 남편과 이야기를 나누며 발견한 재미있는 사실은 조합원들에게 판매한 열무김치를 가장 많이 산 사람들은 바로 우리 동아리 회원들이라는 것이다! 우리 집도 3만 5천 원어치의 열무김치를 샀다. 그 사실을 알고 나자 나는 터져 나오는 웃음을 참을 수가 없었다. 3만 5천 원은 특강을 기획한 그날 모두가 똑같이 내자며 총비용을 동아리 회원 수로 나눠본 바로 그 비용이었기 때문이다! 그냥 처음부터 나누어 냈다면 들지 않았을 온갖 비용(열무 씨 값, 열무김치 재룟값, 열무를 가꾸는 데 쏟아부은 시간과 에너지, 열무김치를 담근 하루치 노동 등등)을 들인 셈이다. 그렇다면, 처음부터 이런 '쓸데없는 비용'을 들이지 않고 모두가 나누어 냈다면 훨씬 더 '합리적'이지 않았을까? 그러나 저마다 3만 원 정도의 열무김치를 사 들고는 즐거운 하루였다며 집으로 돌아간 동아리 회원들 중 누구도 이것을 '비합리적'이라고 생각하지 않는 듯했다. 모두가 이 사업의 기획과 실행을 아주 "재미있었다" "성공적이었다"고 평가했다.

혼자서 정신없이 웃다가 문득 생각했다. '이 사람들… 참 독특하다.' 이런 방식은 경쟁적이고 무슨 일에든지 투입 대비 산출을 늘 견주어 보는 이 사회의 눈으로 보자면 매우 어리석어 보인다. 굳이 지불하지 않아도 될 많은 비용으로 같은 결과물을 얻는 것이니 매우 '비합리적'인 선택인 셈이

아이 함께 키우며 더불어 살아가기

다. 그러나 자투리 조합원들의 선택 기준은 합리와 비합리에 있지 않았다. 자투리의 선택 기준은 '우리들다움'에 있었고, 그 '우리들다움'은 바로 텃밭 가꾸기를 함께 하는 재미였다. 이러한 그들의 기준으로 볼 때 이 사업은 정말이지 성공적인 사업이 맞았다.

여기까지 생각이 미치자 이 '조합'이란 게 참 매력적으로 다가왔다. 이 경쟁의 시대에, 정치, 문화, 경제, 교육 어느 것 할 것 없이 사회 대부분의 영역이 자본을 기준으로 미쳐 돌아가는 이 시대에, 이들은 시대의 가치에 아랑곳없이 자신들의 가치를 따라 선택하며 그 즐거움을 향유하고 있지 않은가. 생각은 계속되었다. '이 사람들… 참 용기 있구나. 무서운 사람들이네.' 무엇이 이들을 이렇게 만들었을까? 무엇이 이들에게 혼자 가는 열 걸음보다 함께 가는 한 걸음이 진정으로 나은 것이라고 믿고, 선선히 그렇게 선택하는 용기를 가지고 살아가게 만드는 것일까? 분명 육아를 조합 형태로 '함께한다'는 것이 보통 일은 아닐 터, 거기에는 멀리서 보는 것과는 달리 지난한 갈등과 크고 작은 어려움이 있을 게 분명하고 곁에서 보는 우아한 모습과는 달리 지지고 볶는 삶의 비루함이 있을 것이다. 그런데도 그들은 어째서 그러한 수많은 지난함을 겪으면서도 공동육아조합이라는 공동체를 포기하지 않는 것일까? 무엇 때문에? 그들에게 아이를 함께 키운다는 것은 어떤 의미가 있기에 이 자리를 지키는 것일까? 나는 이 조합에 대해 더 알고 싶었다.

그리하여 구름산교육조합에 대한 나의 탐구는 이들의 지난한 어려움에 대한 이야기로부터 시작한다.

어려움 하나
비용의 부담

2013년 누리과정에 대한 지원이 만 5세에서 전 연령으로 확대되면서 우리나라는 바야흐로 명실상부한 '공보육' 시대를 맞았다. '공보육'이란 이 사회가 보육 문제를 더 이상 개인적인 것이 아니라 사회적인 것으로 파악하고, 보육 사업을 공공재로 여기며 이를 국가가 책임진다는 뜻이다. 그리고 이 의미를 물질적으로 실현한 것이 바로 정부의 보육비 지원이다. 2013년 이전에도 보육기관에 대한 정부 지원이 있었으나(인건비 지원, 원아당 기본 수당 지원 등), 부모들이 부담해야 할 보육비가 있었다(영아반은 40여만 원, 유아반은 30여만 원). 그런데 공보육 시대로 일컫는 2013년부터 지금까지 보육비 전액을 정부가 부모를 대신하여 결재하는 방식으로 지원하고 있다. 이제 아이가 영아반이든 유아반이든, 국공립어린이집을 다니든 사립어린이집을 다니든, 부모들은 모든 보육비를 정부로부터 지원받는다.

이런 상황에서 한 달에 40, 50여만 원의 교육비를 내며 어딜 다닌다고 하면 사람들 대부분은 그건 필시 영어유치원이나 유명한 사립유치원일 거라고 지레짐작한다. 또한 그 정도 비용을 내는 기관이니 대단히 좋은 시설이거나 영어나 발레 같은 다양한 특별활동이 있는 기관일 거라 상상한다.

아이 함께 키우며 더불어 살아가기

그러나 이곳 구름산자연학교에는 영어나 발레 같은 '특별한' 교육 활동이 없음은 물론이고 훌륭한 외관을 갖춘 건물이나 값비싼 교구도 없다. 오히려 대다수의 일반적인 유아교육기관의 교실에 갖추어져 있는 기본적인 교구교재나 장난감도 없이 거의 텅 비어 있는 수준이다(그러나 이렇게 교실을 장난감으로 채워 넣지 않고 비워둔 것은 꼭 비용 문제만은 아니다. 아마 돈이 많이 있었더라도 구름산학교의 교실이 장난감으로 채워지지는 않았을 것이다). 그런데도 40만 원대의 교육비가 드는 것은 이곳이 정식으로 어린이집 인가를 받지 않은 비인가 공동육아조합으로, 모든 비용을 조합원들이 분담하기 때문이다. 다른 비인가 공동육아조합과 마찬가지로 구름산공동육아조합 또한 한 푼의 정부 지원금도 없이 운영하고 있다.

국내의 공동육아조합 중에는 정식으로 어린이집 인가를 받는 경우도 많으나 이곳은 어린이집 인가를 받지 않았다. 인가를 받으려면 인가 조건을 충족해야 하는데 지금의 형편상 인가 조건(특히, 교사 자격 기준과 시설 조건)을 맞추기 어려울뿐더러 그 과정에서 조합이 추구하는 지향을 포기해야 할 수도 있기 때문이다. 따라서 모든 운영비는 전적으로 학부모의 교육비에 의존할 수밖에 없다. 매년 말 총회에서 실시하는 결산과 예산을 통해 다음 해의 교육비를 결정하는데, 조합은 언제나 긴축 상황이므로 총회는 매번 모든 조합원을 긴장시키는 큰 난관이다. 특히나 신입 원아가 미충원되면 이 어려움이 더 커진다.

실제 처음으로 신입 원아 미충원이 발생한 2018년도 조합 총회에서 조합은 예산을 책정하는 데 큰 난관에 부딪쳤다. 조합장은 총회가 오기 전에 전년도 회계 장부를 살피고 또 살피며 조금이라도 삭감할 수 있는 항목이 있는지 찾아내려고 애를 썼지만, 매년 지출될 곳은 너무나 뻔히 정해져 있는 터라 도무지 지출을 줄일 방도가 없었다. 이렇게 계산된 한 달 교육비는 50여만 원을 훌쩍 넘겼다. 10만 원 가까이 인상하는 셈이었다. 현재 조합원들에게도 큰 부담이지만 미충원인 반에 신입 원아를 받아들이는 데도 결정적인 장애물이 될 게 뻔했다. 그나마 이것도 인건비를 동결한다는 전제하에 계산된 것이었다. 급격한 교육비 인상을 낮출 수 있는 카드로 조합장이 제시한 안은 교사 인원 감축이라는 마지막 카드였다. 대부분의 조합원이 모인 총회에서 그런 이야기를 꺼낸다는 것이 얼마나 큰 부담이었을까. 그럼에도 불구하고 조합이 내년에도 문을 닫지 않고 운영할 수 있는 방안을 생각해내야만 하는 조합장은 스스로의 책무를 다하느라 그 어려운 이야기를 꺼내지 않을 수 없었을 것이다.

저녁 7시에 빨강불의 집에서 시작된 총회에서 인건비 동결 이야기가 먼저 나오자 어떤 교사조합원은 "매년 예산을 세울 때마다 왜 교사들의

조합원 총회

아이 함께 키우며 더불어 살아가기

인건비는 당연히 동결하는 것으로 전제하나요? 우리 조합이 교사들의 복지나 정당한 대우에 너무 소홀한 것이 아닌가 하는 생각에 서운하고, 언제까지 우리 조합이 교사들의 희생에 의해 유지될 것인가 하는 생각에 착잡해요"라고 말했다. 그 말에 어떤 부모조합원은 어깨를 들썩이며 울면서 "그런 생각을 하지 않는 것이 아닌데, 매년 그럴 형편이 되지 못해서 너무 마음 아프다"고 말했고, 그 모습에 먼저 이야기를 꺼낸 교사조합원도 눈시울을 붉히며 울었다. 그 와중에 조합장은 내년도의 급격한 교육비 상승을 막을 수 있는 방법으로 교사 감원까지도 포함해서 생각해 보아야 한다는 말을 꺼냈다.

순식간에 무거운 침묵이 거실을 감쌌다. 아이를 함께 키우기 위해 모인 조합원들 모두의 얼굴에 근심과 고뇌, 안타까움이 어른거렸다. 교사조합원 중 한 명이 입을 열었다. "그건 정말 마지막에 생각해봐야 하는 방법"이라고. 그러면서 "일단은 교사들이 월급을 십시일반 모아서 조합에 장학금을 후원하는 형식으로 기증하겠다"라고 했다. "자존심이 있으니 급여 삭감은 안 된다. 이건 교사들의 자발적인 후원"이라는 설명이었지만, 실질적으로는 급여 삭감과 다르지 않았다. 이렇게 그해는 지나갔으나 그다음 해에도 신입 원아는 미충원되었고 결국 2019년도에는 교사 한 명이 사직해야 했다.

교육비는 조합의 한 해 총 지출예산을 조합원 가정의 재원생 아이들 수대로 나눈 액수로 책정한다. 2017년에 구름산자연학교의 월 교육비는 약 44만 원으로 책정되었는데(2019년도 교육비는 47만 원), 일반적인 어린이집과 유치원이 무상 보육임을 감안할 때 이 비용은 조합원들에게 상당한 경제적 부담이다. 조합에 적극적인 부모조합원들조차 교육비에 대해 "꽤 부담스러운 비용이죠"라고 말한다. 대부분의 조합원들이 평범한 월급쟁이기에 이 비용은 매우 큰 부담이고, 당연히도 기회비용을 따지게 된다. 입학 전에 상담을 하러 오는 사람들은 물론이고 입학 후 식구가 된 조합원들도 교육비에 대한 기회비용을 자주 고민한다고 했다. 특히 조합이 갈등에 직면했을 때, 혹은 조합에 불만이 생겼을 때 조합원들 마음속에 제일 먼저 떠오르는 생각이 "내가 여기서 이런 돈을 내고, 이런 고생을 사서 하나" 하는 후회일 수도 있다. 이처럼 공보육 시대에 50여만 원에 이르는 교육비는 조합원들에게 공동육아를 꾀하는 데 가장 큰 어려움이다.

그러나 바꾸어 생각해보면 이러한 비용 부담 자체가 조합원들이 이 공동육아에 얼마나 큰 가치를 두고 있는지 보여주는 방증이기도 하다. '비용 부담'이라는 어려움은 조합원들이 조합의 이러저러한 갈등과 어려움에도 불구하고, 심지어는 다른 사람들은 "공짜로" 다니는 어린이집을 부담스러운 비용을 들이면서까지 보낼 정도로 구름산자연학교가 가치 있다고 여긴다는 점을 드러내준다. 그래서 어쩌면 이 교육비는 조합원들이 공동육아에 부여하는 의미를 물질적이고 가시적으로 보여주는 가치의 임계점인지도 모르겠다. 실제로 조합원인 종이배는 "내가 여기서 이런 사람들을 만났으니 이런 돈을 내는 게 후회가 없어"라고 말했다. 종이배에게 조합원 식구들은 그 '부담스러운 비용'을 상쇄할 만큼 가치 있는 것이다. 또 조합장이었던 보리는 아이가 이곳 구름산자연학교에서 경험하는 것들이 그 '부담스러운 비용'을 감수할 만한 가치가 된다고 말했다.

> 보 리 …근데 내가 초점을 둔 건 그거였어요. 내가 (아이를) 여기 보낸 이유
> 는… 전 서울 도심에서 났거든요. 내가 살아보니 우리 아이들한테

는 몇십 년 후에는 어쩌면 눈이 안 내릴 수도 있겠다, 라는 생각이 들어 (걱정이 되었어요). 근데 아이를 낳고 내가 처음 느꼈던 게 계절이었어요. 아이를 낳고 나서 집에 있어 보니까 계절이 느껴지더라고. 점점 날짜가 갈수록, 음력이 보이고 절기가 보이고 계절이 느껴지는 거예요, 어렴풋이. 날이 더워졌다가 추워지고 난 그거에 대한 아무 생각을 못 하고 있었는데 아이를 낳고 보니 그게 보이는 거야. 그게 사람으로 하여금 얼마만큼 평온함과 여유를 주는지 아이를 낳고 나서야 처음 알았어요. 근데 이 아이들이 곧 공부하고 일하고 그런 세계에서는 이 계절을 느낄 수 있을까? 계절을 느끼려면 (나가야 하는데) 일반 유치원에선 이 좋은 날씨에 애들이 일하거나 공부하거나 그렇잖아요? 나도 모르고 있었어. 그래서 돈을 주고라도 이걸 느끼게끔 하고 싶었어요. 나는 이 교육이 필요하다고 생각했고… 이건 좀 웃기긴 해, 아이러니하긴 해요. 이걸 돈을 주고 배워야 하다니….

연구자　늘 있는 걸….

보　리　그렇지! 늘 있는 걸….

연구자　가만히 내버려둬도 늘 돌아오는 계절을 느끼기 위해 돈을 줘야 하다니! (함께 웃음)

보　리　그런데 나는 이게 돈을 주고서라도 배워야 하는 중요한 거라고 생각이 들었어요. 그래서 일반 유치원에서 할 수 있는 어떤 색종이 작업이나 미술 같은 그런 걸 내가 포기하고서라도 나는 이게 아이 인생에서 너무 중요할 거라고 생각을 했어.

어려움 둘
참여의 부담

조합원이 되어 처음으로 맞이한 행사인 신입생 설명회에서 받아든 조합의 정관과 일 년 행사 월력을 보며 더럭 겁이 났었다. 3월부터 다음 해 2월까지 공동체 교육이며 텃밭같이, 운동회, 엄마의 밤, 마을 어르신의 날… 조합의 행사가 끝없이 이어진 월력을 보며 내가 과연 잘해나갈 수 있을지 겁이 났다. 월력에 표시되어 있지 않은 반 모임과 위원회 등의 정기적인 모임과 동아리 모임까지 생각할 겨를도 없었다. 그때는 전임으로 한 학교에 매여 있을 때인데, 강의와 회의, 학생 지도, 각종 행정 업무, 논문 쓰기 등으로 정신없는 나날을 보내고 있었다. 유난히 일이 많이 겹치는 날은 오전 내내 '화장실 가고 싶다'라고 생각하면서도 그 잠깐 짬을 내지 못해 오후가 되어서야 여태 화장실에 가지 못했다는 걸 깨닫기도 했다. 출근 준비를 완벽히 마친 뒤 아이를 등원 차량에 태워 보내자마자 출근해야 했고, 일을 마친 후에는 둘째를 돌보는 이모님의 퇴근 시간에 맞춰 귀가해야 해서 직장에 오가는 고속도로에서는 늘 허겁지겁 과속을 해야 했다. 그마저도 오후에 귀가하는 아이를 맞아 간식을 먹이고 돌보아주시는 이모님이 있어서 가능한 일이었다. 당연히, 아이와 보내는 시간은 지극히 적었고, 아

아이 함께 키우며 더불어 살아가기

이에게 할애할 시간을 내기가 좀처럼 쉽지 않았다. 아이와 가사의 상당 부분을 이모님에게 의지하던 시절이었다. 돌이켜 보면 '그러면서 무슨 용기로 공동육아조합에 들어갈 생각을 했을까?' 싶을 정도다.

사정이 이렇다 보니 공동육아에 참여해야 할 수많은 일들이 엄청난 부담으로 다가왔다. 실제로 신입생 오티가 끝난 날, 나는 집에 돌아와 조합 카페에서 지난 사진들과 날적이들을 일일이 찾아보며 '과연 내가 조합원으로서의 몫을 잘 감당할 수 있을지'에 대한 염려로 밤늦도록 고심했다. 이러한 참여에 대한 부담은 우리처럼 부모가 모두 일하는 가정의 경우 물리적으로 그 강도가 더하겠지만, 한쪽만 일하더라도 정도에 차이가 있을 뿐 대부분이 겪어야 하는 일이다.

구름산의 부모조합원들은 한 해 동안 월 1회의 반 모임은 물론 조합의 소위원회(입학위원회, 텃밭터전위원회, 홍보위원회 등)에 1개 이상 소속되어 활동한다. 또한 조합과 학교의 많은 행사(공동체 교육, 운동회, 텃밭갈이 등)에 참석한다. 조합원들은 이러한 의무적인 활동 말고도 산행, 반찬 만들기, 수공예 만들기, 밴드 연주 등 자발적인 소모임과 동아리를 만들어 활동하고 있다. 심지어 그야말로 '자발적으로' 다양한 아이디어(장아찌 만들어 판매하기, 공동구매 추진, 친환경 화장품 만들어 판매하기)를 내가며 소박한 수익사업을 벌여 조합의 예비비를 마련하는 조합원들도 있다! 몇 년 전 마련된 조합의 별도 공간인 '구름자리'에서는 이러한 자발적 수익 사업과 동아리, 소모임, 친교 모임 등이 계속해서 이어지고 있다.

이렇게 조합원에게 요구되는 행사 참여 의무와 많은 모임은 조합원들에게 큰 부담으로 작용할 수 있다. 특히나 둘 다 직장이 있는 부모조합원들은 참여 의무에 대한 부담은 그렇다 하더라도, 조합의 많은 활동과 모임이 물리적으로 어려운 경우가 많다. 때로 어떤 조합원들에게는 개인의 특성상, 조합의 다양한 활동에 참여하면서 다른 이들과 부대끼고 관계를 맺는 것 자체가 몹시 부담스럽기도 하다. 따라서 실제적으로 조합원들은 저마다 다양한 강도와 밀도로 조합에 참여하게 된다. 어떤 이는 스스로 다양한 수익활동을 통해 조합의 예비금을 마련할 만큼 조합의 일에 헌신적으로 참여하지만 어떤 이는 다른 사람들의 의견을 따라가는 정도로만 자리를 채우고, 또 어떤 조합원은 프리라이딩(무임승차)하는 것처럼 보이기도 한다. 이에 대해 조합원들은 "때때로 조합 일에 지쳐 힘이 들 때는, 눈에 보이지 않는 조합원들이 나만큼 참여하지 않는 것 같아서 얄밉기도 하다"며 힘들어하기도 하고, "각자 형편대로 하는 것이니 당연히 차이가 날 수밖에 없다"며 인정하고 이해하기도 한다.

연구자 그런 사람들이 넓게 보면 조합장 입장에서는 그게 일종의 프리라이딩이잖아요? 우리 조합만 그런 게 아니라 어디나 프리라이딩하는 사람들은 있을 테고, 그건 어떻게 생각해요? 그게 힘들지는 않았어요?

보 리 현재 내 마음에선 그게 그럴 수밖에 없다고 생각하고 굉장히 많은 부분 이해를 해요. 왜냐면 나도 다른 조직에 갔을 때 그런 식의 입장을 표명한 게 많을 수 있으니까. 또 여긴 자연학교이기 때문에, 또 내가 지금 조합장이라는 감투를 쓰고 있기 때문에 내가 가지는 의무감, 책임감이라는 게 있는 거지. 사실 내가 가진 감투의 무게 때문에 오는 것도 있거든요. 만약 내가 감투가 없다고 생각하면 나도

아이 함께 키우며 더불어 살아가기

그들처럼 생각할 수 있을 거 같아. 그래서 거기(프리라이딩)에 대한 부담감과 서운함은 없는데… 그래도 누군가는 (조합장과) 같은 마음을 내어줘서 이끌어가는 쪽에 한두 사람은 있어야 되겠죠, 모두가 다 프리라이딩을 한다면 우리는 이걸 하지 말았어야 되는 거죠.

재미있는 점은, 어떤 이들에게는 '부담'으로 여겨지는 조합원으로서의 참여 의무가 또 어떤 이들에게는 '혜택'이나 '재미'이기도 하다는 것이다. 큰 아이 때부터 구름산공동육아에 들어와 조합원이 된 지 10여 년이 지난 딸기는 이러한 많은 모임과 학교 일이 자신에게는 오히려 몹시 궁금하고 재미있는 것으로 다가왔다고 했다. 그래서 잘 참여하지 않는 사람들이 프리라이딩을 한다기보다는 좋은 기회를 놓쳤다고 여겼다. 딸기는 때로 교사가 굳이 만류하는 일까지 찾아서 함께 하기도 했다고 말한다.

딸 기   그리고 오니까(입학하니까) 모임이 너무 많은 거야.

연구자   그게 부담되진 않았어요?

딸 기   난(우리 애는) 첫째였고 에너지가 넘쳤고… 그런 것도 있어요. (입학 면접에서) 떨어진 사람에 대한 미안함… 입학 후에 합격한 사람들을 내가 보니까 그 자리에서 더 간절했던 사람들이야. 또 일반 유치원은 그냥 커리큘럼대로 하잖아요. 그러니까 별로 궁금할 것도 없고 근데 여기는 텃밭 가서 고구마도 심고 이것저것 하잖아. 그런 게 다 너무 궁금했어. 어떻게 하는지. 그래서 나는 오히려 (교사들이) 못 오게 하는데도 계속 가고… (다 같이 웃음) 마을 어르신의 날 할 때도 '삼계탕 하면 위험하다고 애(동생) 있는 사람은 오지 마라'고 했거든요. 그땐 ○○이(둘째)가 십몇 개월 됐는데 업고 갔잖아, 하도 궁금해서… 그리고 그런 거 할 때 애들 노래 준비하잖아요. 그럴 때 연습 없이 평소 모습을 보여주는 것도 너무 좋았어요. 진짜 너무 자연스러운 그 모습… (중략) 그런 걸 보는 건 혜택이라고 생각했지.

이와 비슷한 맥락에서 민들레 또한 "함께하면서 우리 재미있잖아? 그거면 충분하지"라고 말했다. 나 또한 그 바쁘던 조합원 시절, 주말이나 방학처럼 시간이 날 때마다 참여한 이러저러한 일들을 통해 '아이를 함께 잘 키워보자는 뜻' 말고는 별다른 공통점이 없는 사람들과 어울리는 재미를 조금이나마 경험할 수 있었다. 터전위원회에서 텃밭 김매기를 함께 하고 난 후 각자 가져온 나물을 커다란 양푼에 다 함께 넣어 쓱쓱 비며 먹으며, 살아가는 이야기를 나누는 재미가 쏠쏠했다. 결국 그 재미는 그 자리에서 그 시간을 함께 겪는 사람들만이 공유하는 것이다. 이건 어쩌면 딸기의 말처럼 공동육아조합이라는 공동체에서 누릴 수 있는 진정한 혜택일지도 모른다.

텃밭 고구마 캐기 후 함께 식사하는 조합원들

아이 함께 키우며 더불어 살아가기

어려움 셋
관계의 부담

큰아이가 8개월쯤 되었을 때, 아기를 데리고 같은 교회에 다니는 아기 엄마들끼리 한집에 모여 논 적이 있다. 거실에서 아이들과 엄마들이 북적이며 한참을 놀았다. 그러다 갑자기 큰아이가 보채며 울기 시작하는데 도대체 이유를 찾기가 어려웠다. 기저귀도 보송보송하고, 딱히 어디가 아파 보이지도 않고, 잠이 오는 것 같지도 않고, 배가 고픈 것도 아니었다. 안아서 어르고 업어서 달래도 아이의 울음은 계속되었다. 당황해서 어쩔 줄 몰라 하던 내게 한 엄마가 조용한 방에 따로 가서 젖을 물려보라고 했다. 그래서 아기를 데리고 아무도 없는 방에 들어가 젖을 물렸다. 잠시 후, 그렇게 보채며 울던 아이가 잠잠해지더니 입에서 젖을 떼고는 나를 바라보며 빙그레 웃어 보였다. 그제야 알았다, 아이를 힘들게 한 것이 무엇이었는지. 많은 사람들과의 부대낌, 많은 사람들의 존재 그 자체가 힘들었던 것이다. 평온한 웃음을 되찾은 아이와 꽤 오랫동안 단둘이 방 안에 그냥 가만히 앉아 있었다. 사람들을 피해 혼자 있는 시간, 아이에게는 그것이 필요한 듯했다. 나 또한 이런 경험을 종종 한다. 하루 종일 업무가 몰려 많은 사람을 만난 날이면 나는 퇴근해서 주차장에 차를 세워두고 혼자만의 시간을 가진다. 그렇게 10분이라도 혼자 있으면서 에너지를 충전하는 시간이 필요한 것이다. 나 같은 사람에게는 사람을 가까이 사귀고 많은 사람과 부대끼며 지내야 하는 공동육아조합이라는 것이 결코 쉬운 일이 아니다.

구름산 식구들도 다른 여느 조합과 마찬가지로 공동육아 과정에서 서로 이견이 생기거나 의견이 부딪치거나 갈등을 겪는 경우가 많다. 이러한 갈등은 어찌 보면 오히려 관계가 너무 가까워서 생기는 것이기도 하다. 일반적인 어린이집이나 유치원의 부모들은 기관 운영에 대해 자신의 의견을 드러낼 기회가 드물거나, 있어도 잘 표현하지도 않는다. 또한 같은 반의 부모라 할지라도 어린이집 일을 같이 한다거나 가깝게 관계를 맺을 일이 없다. 일반 어린이집이나 유치원의 학부모들은 대부분 등·하원시간이나 어린이집 행사에서 간단히 인사를 나누고 아이들의 생일 초대 등에서 서로 가벼운 이야기를 몇 마디 하는 정도로만 관계를 맺는다. 따라서 일반적인 어린이집에서는 우리 반 어느 학부모에게 내가 껄끄러움을 느낀다고 해도 큰 문제가 되지 않는다. 피하면 되고 안 보면 그만이다. 마주칠 기회도 거의 없다. 그러나 공동육아조합에서는 사정이 다르다. 같이해야 할 모임과 사업들이 줄을 서 있고, 작은 일에서부터 큰일에 이르기까지 서로 의견을 모아야 하므로 피할 길이 없다. 딸기는 이를 두고 "(일반 유치원이랑 달리) 우리는 일을 해야 되잖아? 그리고 반대되는 일을 만났을 때 다른 데서는 피해 버리면 되는데 여기서는 이걸 해결해야만 하잖아"라고 표현했다.

대개의 어린이집 같으면 관계가 안 좋거나 나와 다른 의견을 가진 사람은 피하면 되고 거리를 두면 그만이지만 공동육아에서는 같이해야 하는 일이 너무 많고 결국 만나서 함께 문제를 해결해야만 하므로 피하는 것

아이 함께 키우며 더불어 살아가기

으로 끝낼 수 없다. 이러한 과정에서 조합원들은 나와 다른 관점과 성향을 가진 사람들과 공존하고 의견을 조율하는 방법을 배우기도 한다. 항아리는 지난 7년의 공동육아 과정 동안 "나와 다른 사람들을 어떻게 껴안고 함께 가야 하는지를 배웠다"라고 했고, 민들레는 이를 "믿음 안에서의 갈등"이라고 말하기도 했다. 조합에서 이러한 관계의 어려움을 가장 강력하게 경험하는 사람이 바로 조합장이다. 2017년도에 조합장을 맡았던 보리와의 대화에서는 "공동체의 피로감"이라는 표현이 나왔다. '공동체의 피로감'은 나처럼 많은 사람들과의 부대낌, 많은 사람들의 존재 자체를 힘들어하는 사람들에겐 실로 어마어마한 것이리라.

연구자　무엇 때문에 그렇게 힘들었을까요?

보　리　그이 말로는 공동체의 피로감이 어마어마했는데요.

연구자　공동체의 피로감이란 예를 들면 뭘까요?

보　리　자기는 한마디만 하지만 내가 듣는 말은 40마디, 그게 한 가지만 있지 않고 일을 하면서 계속 듣는 거잖아요. 그러면서 듣는 것들로 인해서. 사람들이 보면 자기가 하고자 하는 말을 포장하기 위해서 어떤 경우는 위선으로 둔갑하기도 하고. 그래서 되레 직설적으로 말하는 사람이 가끔은 힘들지만 어떻게 보면 더 편할 수도 있어, 차라리. 위선으로 포장하거나 굉장히 교묘하게 사람을 들었다 놨다 하는 경우에는 관계가 굉장히 더 힘들었다고도 하고….

지난해 조합원 공동체 교육에서는 실이 등장했는데 거미줄처럼 얽힌 실은 조합원들 간의 복잡한 관계를 보여주는 듯했다. 구름산 공동육아의 조합원들은 서로 멀찌감치 떨어져 있지 않고 관계의 거리가 가깝다. 그래서 때로는 심한 갈등과 관계의 어려움을 겪기도 하고, 때로는 서로에게 "이 험한 세상에서 의지할 곳이 있다는 생각으로 위로를" 받기도 한다. 작은 서운함이 쌓이기도 하고, 끝끝내 맞지 않은 성격 때문에 소원해지기도 한다. 자신의 마음을 이해하지 못하는 속상함으로 울기도 하며, 그러한 어려움에도 자리를 지키며 육아공동체 만들기의 여정을 함께한다는 생각에 고마워도 한다. 이들의 관계는 어떤 하나의 성격으로 규정하기 힘들 만큼 복잡하게 뒤얽혀 있다. 그러면서도 결국 하나로 연결되어 있다. 조합원들의 이 뒤얽힘은 어떤 일반성을 입지 않은 독특한 상호 얽힘이다.

조합원 공동체 교육

아이 함께 키우며 더불어 살아가기

어려움 넷
책임의 부담

오랜만에 친정에 머물 때마다 신기하게 느껴지는 것이 있다. 하루 두 끼를 먹는 우리 집과 달리 하루에 세끼를 꼬박꼬박 챙겨 드시는 친정에 있으면 설거지며, 청소며, 빨래며, 집안일이 우리 집에서보다 적지 않을 텐데 이상하게 집에서처럼 '힘들다'는 느낌이나 '부담감'이 없는 것이다. 때로 거나한 저녁 식사라도 하고 나면 설거짓거리가 한가득이고, 물 아끼신다고 자주 하지 않는 빨래를 한번 하고 나면 동산 같은 빨래를 널고 접어도 친정에서는 힘들다는 느낌이 든 적이 없었다. 왜 그런가 하고 곰곰이 생각해 보니, 바로 '책임감' 때문이다. 여기서는 아무도 나에게 "오늘 저녁은 뭐야?"라고 묻는 사람이 없다. 아이는 욕실에서 무엇인가가 잘되지 않으면 내가 아니라 할아버지나 할머니를 찾는다. 이 집에서는 먹는 것뿐 아니라 집이 원활하게 돌아가는 모든 것에 관한 최종 책임이 내게 있지 않다. 나는 그저 이 집의 주인들인 부모님의 지휘에 도움만 드리면 된다. 내게는 책임을 지지 않는다는 그 사실이 실질적인 가사 노동의 양보다도 '힘듦'을 감지하는 더욱 중요한 감각이었던 것이다.

어린 시절, 별다른 생각 없이 엄마에게 오늘 저녁이 뭐냐고 물었는데 엄마가 "제발 그것 좀 그만 물어봐!"라고 뜬금없는 화를 내셨다. 그 반응이 하도 뜬금없어서 오래도록 기억하고 있었는데, 몇 년 전 큰 딸아이가 내게 같은 질문을 했을 때에야 알았다. 그때, 엄마의 그 뜬금없는 반응이 어떤 맥락이었는지. 그것은 그 일에 책임을 지고 있는 사람이 지쳤을 때, 자기로서는 밤낮없이 그 생각뿐이어서 더더욱 지칠 때 보이는 반응이다. 나는 엄마랑 같은 마음을 가지고, 간신히 다른 대답을 했다. "왜 그걸 맨날 엄마한테 물어? 다른 식구들이 좀 생각해봐. 엄마도 누가 그걸 좀 정해주면 좋겠다. (밥) 해주면 더 좋고."

대부분의 어린이집이나 유치원에서 최종 책임자는 시설장(원장)이다. 그 사람이 시설 소유자이든 월급을 받는 이든 간에 마찬가지다. 유치원 안에서 일어나는 일이면 작은 일부터 큰일까지 결국은 원장의 책임이다. 아이들 급식이나 교육 활동 실행은 물론이고 시설, 환경, 행사, 교사들의 역할이나 태도까지 원장의 책임이다. 만약 유치원에서 일어나지 말아야 할 일(교사의 아동학대 같은)이 일어났다면, 이를 원장이 알았든 몰랐든 교사를 제대로 관리하지 않은 책임을 피할 수 없다. 원장이 아닌 다른 교직원들도 기관 운영에 있어 저마다 그 역할만큼의 책임이 있다. 하지만 그 책임의 정도가 매우 다르다. 일반 어린이집과 유치원에서 기관 운영에 가장 책임이 없어 보이는 사람들이 바로 아이들의 '부모'다. 대부분의 기관에서 부모들은 자기 스스로를(많은 경우 기관에서도) 보육과 교육의 '서비스 소비자'로 여긴다. 따라서 소비자답게 자신이 구매한 서비스의 질에 대해서 까칠하게 따져 묻는 경우는 많지만(최근에는 매우 많아져서 현장 교사들이 옴짝달싹하지 못할 정도라고 들었다) 정작 문제가 생겼을 때 함께 고민하거나 책임을 지려는 사람은 드

아이 함께 키우며 더불어 살아가기

물다. 책임은커녕, 평소에 진상 부리지 않고, 적당히 만족해하며, 특별 행사가 있을 때 참석만 해주어도 최고의 소비자다. 바로 이 책임 문제가 일반적인 기관과 공동육아조합의 결정적인 차이다.

대다수의 공동육아조합과 마찬가지로 구름산 공동육아 또한 조합의 주요 사항에 대한 의사결정은 조합원 모두가 함께 한다. 이 과정은 체계적이지 않으며(!) 위계적인 구조도 아니다(당연히도, 원장은 따로 없다). 결정 과정에서 더 중요한 역할을 하거나 책임을 더 많이 지는 구성원들이 따로 있지도 않다. 특정한 누군가의 책임이 아니라 조합원 모두의 책임이 되는 것이다. 당면한 문제나 결정은 모든 조합원이 함께 상의하여 결정하고 함께 책임진다. 책임을 나누어 진다는 점에서는 서로가 서로에게 의지가 되기도 하지만 결국은 모두가 내 일로 받아들여야 한다는 점에서는 부담스러운 방식이다. 일반적인 유치원에서라면 결코 지지 않았을 공동육아의 책임감이 더더욱 크게 느껴진다. 이를 교육 교사 별똥은 조합에서 일어나는 "작은 문제 하나까지 모두 다 내 일이" 된다고 표현했다.

이렇게 조합원 모두가 책임을 나누어 갖는 구조는 이들을 마치 공동운명체처럼 엮기도 한다. 예를 들어 매년 연말 총회에서 결정하는 이듬해 교육비는 아이들(조합 가정) 수와 연동되어 있다. 따라서 개별 조합원의 퇴소 고민이 혼자만의 문제가 아닌 것이 된다. 학년이 바뀔 때 재원을 선택하지 않는 것 또한 조합원 수의 감소를 의미한다. 이는 곧 교육비 상승의 문제이기 때문에 재원과 퇴소 결정은 개인의 선택에 그치지 않는다. 당연히 재원과 퇴소를 고민하는 조합원들에게도 큰 부담이다.

"원장님, 교장 이런 분이 있으면 그 원장님의 스타일이 쭉 이어지기 때문에 교사 개개인이 크게 의견 낼 일도 없고 무슨 문제가 생겨도 내가 발 벗고 나설 일도 아니고 그럴 텐데, 이곳은 작은 문제 하나하나가 다 내 일이 되는 건데… 근데 그 일이 보면 우리가 한 15년쯤 넘게 있었으 니까 이제 새로운 사건이나 문제들이 없을 것 같은데도, 사실은 크고 작은 일이 매해 생겨요. 올해는 이 일 때문에 사람들의 온 정신이 다 거 기에 쏟아부어졌어. 그러면 그것과 똑같은 일은 발생하지 않지만 사람 이 많으니까, (조합) 가족이 지금 유치부, 방과후 합해서 60, 70가족에 교사 9명이 북적북적하면 사람에 대한 일만 해도 매일매일 발생하잖 아요? 그런데 그 발생하는 일이 여기는 또 졸업하고 나가고 입학하고 나가고 계속 이렇게 되잖아요. 교사들은 오래 있어서 늘 있는 일 같지 만 사실 항상 새로운 일이 발생하는 건데 그렇게 발생하는 일마다 다 같이 덤벼들어서 함께해야 되잖아요.” (별똥)

조합의 연말행사 밤마실에서 밴드 공연을 하고 있는 우주와 구름산 아빠들

아이 함께 키우며 더불어 살아가기

별똥은 이와 같은 조합원들의 책임 나눠 지기가 구름산 공동육아의 중요한 특징 중 하나라고 말했다. 많은 조합원들이 학교의 작은 일 하나까지도 자신의 일로 여기며 의견을 내고, 공동육아 과정에서 발생하는 일마다 함께 덤벼드는 것이 구름산조합이 지향하는 가치라는 것이다. 이렇게 조합의 작은 일 하나까지도 내 일처럼 "같이 덤벼들어서 함께해야" 하는 것은 보육의 소비자로서만 만족하고 싶은 일반 유치원의 부모들에게는 어마어마한(그래서 결국 공동육아라는 선택지를 고려하지 않게 하는) 어려움이다. 그러나 이런 '책임에 대한 부담'은 아이를 함께 키우는 일에 뜻을 품고, 자신이 조합의 일에 참여함으로써 '내 아이가 살아가는 곳을 보다 좋은 곳으로 만드는 일에 함께할 수 있다'는 생각을 가진, 그렇기에 공동육아조합이라는 기관을 선택한 부모들에게도 결코 쉽지만은 않은 일이다.

어려움 다섯
내일에 대한 부담

별똥과 면담을 할 때였다. 2시간이 어떻게 지났는지 모를 만큼 재미있었다. 그만큼 별똥은 타고난 이야기꾼이었고, 무엇보다 타고난 '교사'였다 (내게 교사라는 이름은 '아이들을 생각하는 이'다). 별똥은 아이들을 우리가 원하는 대로가 아니라 있는 그대로 바라보려면 어떻게 해야 하는지, 사람이 각자 자신으로 살아가도록 하려면 어떻게 곁을 지켜주어야 하는지를 온몸으로 민감하게 아는 사람 같았다. 공동육아조합의 교사로서의 일상을 이야기하던 어느 맥락에서 별똥은 "같은 일을 한다는 느낌을 받은 적이 단 한 번도 없다"고 이야기했다. 그 이야기를 듣던 나는 온몸에 소름이 돋았다. 대부분의 삶에서 나는 반대였기 때문이다. 삶의 구석구석에서, 특히나 집에서의 일상과 직업 현장에서 나는 새로운 일을 한다는 느낌을 받은 적이 거의 없었다. 지금까지 거쳐 온 몇 가지 직업 중에 그래도 가장 찬란하고 재미있던 시간들로 꼽고 있는 어린이집 교사 시절에도 교실에서 보내는 일상에서 '같은 일을 한다'는 느낌을 가지지 않았던 적이 거의 없었다.

별똥은 구름산교육조합의 창립 멤버로 16년이 지난 지금까지 구름산의 교사로 일하고 있다. 그런 이가 단 한 번도 같은 일을 한다는 느낌을 받

아이 함께 키우며 더불어 살아가기

은 적이 없다고 말할 수 있다니! 한 번도 같은 일을 한다는 느낌을 받지 않고 일을 하는 사람이라니! 그 말 속에는 별똥이 겪었을 공동육아기관 교사로서의 지난함, 조합 사람들과의 부대낌 등도 들어 있을 테지만, 과거나 미래에 붙잡히지 않고 바로 지금 이 순간의 충만을 향유하는 사람만이 가지는 삶의 일의성(univocity; Villani & Sasso, 2003)이 읽혀서 너무나 부러웠다. 반복되는 차이들의 오고 감! 별똥의 말에 비록 어떤 지난함이 섞여 있더라도 분명 거기엔 충만한 생명력과 운동성이 꿈틀거리고 있었다. 실제 우리의 삶은 단 한순간도 같지 않지만 그것을 감각하며 사는 이들은 그리 많지 않다.

별똥이 그렇게 말하는 데는 삶에 대한 별똥의 자세도 있겠지만, 구름산공동육아조합이 실질적으로 그렇게 작동하기 때문이기도 하다. 구름산공동육아는 붙박아 정해놓은 교육 철학이나 교육 목적이 없고, 또 조합 운영에서도 세밀한 규칙이 없으므로 어떤 사건이나 사안이 생길 때마다 구성원들이 서로의 생각과 의견을 모아 대처한다. 이렇게 개별 사안에 그때그때 새롭게 대처하기 때문에 조합 운영이 불안정한 것처럼 보인다. 또한 어떤 때는 많은 구성원의 다양한 바람과 실천에 힘입어 조합에 새로운 사건도 생겨난다.

예를 들어, 내가 조합원으로 있던 2017년에는 조합 졸업생들이 다양한 활동을 펼치고 지역사회와 교류할 수 있는 거점으로 터전이 아닌 별도의 공간을 마련하려고 했다. 조합장이 여러 의견을 숱하게 듣고 조합원들과 광명 구석구석 발품을 팔며 돌아다녀 가장 저렴하면서도 위치가 좋은 공간을 월세로 마련했다. 저렴한 만큼이나 휑했던 공간에 페인트칠을 하고, 조합원들의 기증으로 필요한 집기들을 마련하고, 공간의 이름도 만들어주고(구름자리), 앞으로 이 공간에서 어떤 일을, 누가, 어떻게 해나갈 것인지 의논했다. 그렇게 별도 공간으로 마련한 구름자리에서는 조합의 각종 동아리 모임, 졸업생 동아리 모임, 영화 상영, 수시 아나바다 장터, 반 모임 등이 진행되었다. 현재 구름자리는 다른 곳으로 자리를 옮겨 조합원들의 재능 기부로 학생들을 위한 다양한 방학 프로그램을 진행하고 있으며, 2019년부터는 광명시의 마을공동체 공모사업에 선정되어 다양한 사업을 통해 지역사회와 교류하고 있다.

이처럼 조합원들은 공동육아 과정에서 예상하지 못했던 새로운 사업을 시작하기도 하고 새로운 사업은 또 다른 활동으로 이어지기도 한다. 공동육아조합에서는 조합원들이 누군가 정해놓은 궤도를 따라 달려가는 것이 아니고 사람들의 얽힘으로 생성의 기운이 역동하는 곳이기에, 언제든 예기치 않았던 사건이 벌어질 수 있다. 별똥은 이를 두고 "안정적인 것만 추구하는 사람"이라면 "내일을 알 수 없어" 불안할 수도 있을 것이라고 표현했다.

졸업생 및 지역사회를 위한 새로운 공간(구름자리) 만들기

아이 함께 키우며 더불어 살아가기

구름자리에서 개최한 나눔 장터

"알 수 없는 일이, 또 내일을 알 수 없는 일이 있는(일어나니까)… 그래서 어떻게 보면 안정적인 것만 추구하고 싶은 사람 입장에서는 굉장히 불안한 학교인 거죠. 계속 내일 또 알 수 없는 일이 생기고 또 뭘 안 해도 되는 일을 한다고 하고, 공간 만든다고 하고… '뭘 또 하려고 하나?' 그런 생각을 가지고 있을 수도 있고. 그러다 보니까 안 해도 되는 고민을 해야 되고. 이런 것도 그렇지만 알 수 없는, 내일을 알 수 없는 어떤 일들이 발생할 것에 대한 불안, 이런 게 있을 것 같아요." (별똥)

그러나 이러한 '내일을 알 수 없는 불안'은 조합원 각자의 다양함이 드러나는 실천과 실험들을 펼치는 운동성의 토대가 되기도 한다. 일반적인 어린이집과 유치원이라면 필요한 돈을 갹출하는 방식으로 처리할 일을 구름자리에서는 부모들이 함께하는 크고 작은 모임이나 협력 활동을 통해 접근하면서 자신들만의 독특한 생성 능력을 만들어간다. 별똥은 이에 대해 "또 그게 얼마나 재밌어요? 매일 새로운 일이 생기잖아요?"라고 했다.

어려움 여섯
의사결정의 어려움

한때 내 꿈은 유아부에서 고등부까지 있는 대안학교를 만드는 것이었다. 대학원 시절 홈스쿨링과 대안학교에 대해 탐닉하다시피 공부한 적이 있는데, 그때는 아무리 생각해도 아이들의 가능성을 꽃피울 수 있는 교육 방식이 홈스쿨링이나 대안학교밖에 없어 보였다(지금은 그마저도 잘 모르겠다. 공부를 하면 할수록 모르는 것이 점점 더 많아지고 있다). 그래서 국내에서 그 분야에 관한 거의 모든 책을 섭렵했는데, 마음에 가장 깊게 와 박힌 일본의 '키노쿠니 어린이 마을'을 내가 꿈꾸는 대안학교의 모델로 삼기도 했다. 급기야, 일본의 그 시골에 박혀 있는 키노쿠니학교를 직접 방문해서 학교를 구경하고, 창립자인 호리 교장선생님을 만나 학교 운영과 교육 철학에 대해 듣고서, 나는 진심으로 "언젠가 한국에 이런 학교를 만드는 게 내 꿈이다"라고 이야기했다. 그러자 호리 교장선생님은 어린 왕자 같은 초롱초롱한 눈을 빛내며 말했다. "그 꿈을 꼭 이룰 겁니다. 그 학교가 만들어지면 나를 꼭 불러주세요." 그날 저녁 숙소에 돌아와 자는데 나는 꿈을 이미 이룬 것만 같았다. 혼자 호리 교장선생님이 준 명함을 보고 또 보면서 내 심장은 얼마나 달떠 있었던가! 그 후로도 나는 그 꿈을 이루기 위해 시간만 되면 인터넷으로 이런 단어들을 검색했다. 폐교 매매, 시골 땅 매매… 사람은 아무리 잘난 척해도 결국 물질에 기초해서 사유하기 마련이라고 믿었던 나는 그런 사진들을 보며 땅의 물질성에 힘입어 내 추상적인 꿈을 포기하지 않으려고 애썼다.

그러나 여러 해가 지난 지금의 나는 대안학교의 꿈을 거의(?) 접었다. 그것은 꿈을 지탱해줄 땅 사진보다 더 중요한 것, 그러니까 그 땅을 구입할 돈이라는 물적 조건을 갖추지 못해서만은 아니다. 내가 사람들과의 부대낌으로 가득한 대안학교와 얼마나 걸맞지 않은 사람인지를 깨달았기 때문이다. 사람들과의 부대낌 자체를 매우 힘들어하는 내가 가장 어려워하는 것이 사람들과 소통하여 다양한 의견을 듣고 취합하는 일인데, 그것은 바로 대안학교에서 매우 공들여 해야 할 일이기 때문이다. 그리고 이는 공동육아조합에서도 마찬가지다.

구름산조합은 공동육아 과정에서 일어나는 주요 사안에 대한 의사결정이 각 반 모임, 그리고 교사가 함께하는 운영위원회를 통해 이루어진다. 그래서 어떤 사안에 대해 결정하려면 각 반 모임에서 먼저 이야기가 되어야 하고, 여기서 나온 의견을 운영위원회에서 다시 토론해야 해서 의사결정에 매우 많은 시간이 걸린다. 조합원들은 이러한 의사결정 과정이 분명 "힘들다"고 인지하고 있지만, 조합이라는 특성상 불가피하다고 이야기한다. 공동육아조합의 결정은 누군가 한 사람에 의한 것이 되어서는 안 되기 때문이다.

"이게 조합이기 때문에 모든 사람의 이야기를 들어줘야 되잖아요? 그게 힘든 게 있어요. 누군가가 원장이 운영하면 원장 스타일대로 그냥 하면 되는데, 우리는 모든 얘기를 다 들어서 그걸 결정하는 과정이 되게 힘들지." (민들레)

이는 교사조합원들만 모여 있는 교사회에서도 마찬가지다. 교사회는 어떤 일을 결정하는 데 있어 "작은 일을 가지고도 지난하도록 이야기한다"라고 했다. 누군가 특정한 사람이 결정을 하고 책임지는 것이 아니라 모두가 자신의 의견을 충분히 표현해서 의사결정을 한다. 이러한 의사결정 문화에 대해 별똥은 "아무도 (혼자서는) 뭔가 결정하지 않는다"라고 표현했다.

"그러다 보니까 아무도, 아무도 (혼자서는) 뭔가 결정을 하지 않는 거예요. 그래서 15년 된 교사도 결정 못 해, 1년 된 교사도 결정을 못 하고 모두에게 일일이 물어봐야 되는 거야. 시간은 시간대로 걸려. 그 사이사이에 감정은 감정대로 상해… 왜 재한테는 저렇게 얘기하고 나한테는 안 해, 그렇게… 그러다 보니까 너무 감정들이 보일 수밖에 없어요… (중략) 그리고 (교사회에서도) 다 같이 이야기를 많이 하니까, 좀 오래 있었던 교사라고 '나는 얘기하지 말자' 이런 분위기가 아니라 (웃음) 너도 나도 하고 싶은 얘기들을 다 해야 하니까, 또 안 하고 있으면 반드시 얘기하라고 하고… 그러다 보니까 시간도 많이 걸리고… 물론 그렇기 때문에 한번 결정하면은 뒤에 후회하거나 그런 건 없는 거 같아요. 내가 제안한 어떤 것들이 제외되거나 하더라도 지난하게 얘기한 후에 결정이 되기 때문에 마 다시는 얘기 안 하고 싶은 마음… (웃음) 굳이 만장일치는 안 가지만 거의 이에 가깝게 되도록…. (별똥)

아이 함께 키우며 더불어 살아가기

별똥이 말한 것처럼 구름산자연학교 교사 회의는 아무리 오랜 경력 교사라 할지라도 혼자 결정권을 가지거나 더 많은 권한이 있는 것이 아니기에 모든 구성원이 '너도나도' 하고 싶은 이야기를 다 해야만 한다. 그렇다고 교사 회의에서 경력이 오래된 교사가 말을 아끼거나 신입 교사들이 의견 표명을 조심스러워하는 것도 아니어서 결과적으로 교사 회의는 매번 오랜 시간이 걸린다. 그러나 이러한 과정을 통해 교사회는 결국 거의 만장일치에 가까운 의사결정을 한다는 것이다. 얼핏 보면 조합의 이러한 의사결정 과정은 시간과 에너지 소모가 많아 교사와 부모조합원들을 지치게 만드는, 매우 비체계적이고 비효율적인 시스템으로 보였다. 그러나 참여자들은 그것이 바로 자신들이 선택한 것이라고 이야기한다. 그리고 별똥은 비체계적인 의사결정의 가치를 이야기한다.

> …누군가가 결정권자가 있으면 그게(그 사람의 결정이) 아이들에게 해야 하는 것들이 맞지 않을 때가 분명히 있거든요… (중략) 효율적인 어른들의 세계를 따로 만들려면 그래야겠지만 우리는 또 그렇지는 않으니까." (별똥)

별똥은 단호히 말한다. 공동육아조합은 '효율적인 세계'를 만드는 일이 아님을. 비록 지난한 의사결정 방식이 비효율적이고 비체계적일지라도 공동육아의 다양성이 살아 있게 한다는 것이다. 어떤 한 사람의 의사결정 권자를 만들지 않는 것이 공동육아 아이들의 다양성, 공동육아의 다양성이 작동하는 힘이 된다.

지금까지 구름산공동육아조합의 여러 어려움을 살펴보았다. 그렇다면 이들은 왜 이러한 여러 가지 어려움에도 불구하고 조합을 포기하지 않는 것일까? 비용, 관계, 참여, 책임의 부담과 예측할 수 없는 내일에 대한 두려움, 그리고 의사결정의 어려움에도 불구하고 이들이 조합을 지키는 이유는 무엇일까?

"내 아이에게 좋으니까"
자녀를 위한 최고의 선택

구름산자연학교의 아이들을 처음 만난 날을 잊을 수 없다. 해오름 산행을 하며 조합 식구들과 인사를 나눈 후 부모들은 시외 변두리의 식당에서 식사를 했다. 부모들이 식사를 하는 동안 유아부터 초등학생까지 섞여 있는 조합의 아이들은 식당 밖에서 놀고 있었다. 아이들끼리 놀고 있는 것이 불안했던 나는 아이들을 지켜보기 위해 얼추 밥을 먹자마자 슬그머니 밖으로 나갔다. 그때 내 눈에 들어온 광경은 단숨에 나를 사로잡았다. 아이들은 식당 옆에 있는 공터에서 놀고 있었는데, 공터에는 얼음이 녹은 물이 제법 들어차 작은 흙탕물 호수 같아 보였다. 조합의 초등부 남자아이들이 스티로폼으로 엮은 배를 타고 쇠파이프로 노를 삼아 호수(?)의 이 끝에서 저 끝까지 동생들을 한두 명씩 실어 나르며 "무한한 나라 저편 섬으로" 항해를 하고 있었다. 호수의 이 끝에서 오빠, 형들의 항해를 지켜보는 동생들은 설렘과 동경이 가득한 눈을 빛내며 서 있고, 스티로폼 배에 올라탄 아이들은 물과 스티로폼 그리고 자신들의 몸이 조화되어 움직이는 운동 속에 중심을 놓치지 않으려는 몰입으로 가득했다. 그야말로 가다머(Gadamer, 2000)가 이야기한 대로 '놀이의 운동성이 스스로 생기하는' 순간이었다. 나는 실로 오랜만에 날것의 놀이 그 자체를 마주친 경이로움으로 넋을 놓고 아이들을 지켜보았다. 공터에 얼음이 녹아서 생긴 물이라 비록 발목까지밖에 오지 않았지만 아이들은 "깊은 바다"에 빠지지 않기 위해서 최선을 다해 균형을 잡았다. 그러려면 물의 흐름을 잘 읽어야 했다. 밭의 양쪽을 오가며 아이들이 배에 오르고 내릴 때마다 배의 무게와 균형, 물의 흐름이 달라졌다. 아이들과 물은 그렇게 서로의 독특함을 이해하고 서로의 움직임을 읽으면서 함께 작동하고 있었다.

이런 구름산 아이들의 놀이는 일반적인 어린이집이나 유치원에서는 볼 수 없는 야생성이 가득한 것이었다. 그리고 구름산자연학교에서는 이런 날것으로서의 놀이, 진짜 놀이가 매일매일 일상으로 일어난다. 구름산 아이들은 놀이에 대한 어떠한 판단도 받지 않고 그냥 몸이 가는 대로, 마

스티로폼 배로 항해를 떠나는 구름산 아이들

아이 함께 키우며 더불어 살아가기

음이 따르는 대로 놀 수 있다. 놀이뿐 아니라 구름산자연학교의 활동이 대부분 그러했다. 목공이나 여러 가지 손작업에서, 산행에서, 마을 나들이에서, 아이들은 어떠한 '전형'이나 '모범(답)'도 제시받지 않는다. 이러한 자연스러운 일상을 통해 우주와 교사들이 표현했듯 "아이들을 훌륭한 사람으로 키우고 싶은 것이 아니라 그냥 자기답게 살기를 바란다"라는 구름산자연학교의 지향은 실제가 된다. 교사들과 부모조합원들은 이것이 자신의 아이들을 위한 최선이라고 여긴다.

> "얼마 전에 별똥하고 그런 얘기를 했었는데… 보통 주변의 공교육이나
> 공공 유치원에서도 잘하긴 하겠지만, 자연학교처럼 아이들을 자유롭
> 게 놀게 해준다든지, 먹거리를 좋게 해준다든지, 아니면 모든 교사들
> 이 아이들을 진심 어린 사랑으로 친구처럼 대한다든지 그런 게 흔하지
> 는 않잖아요. 그래서 문득 그런 생각이 들더라고요, '자연학교가 좋다'
> 이게 아니라 '자연학교가 있어서 다행이지? 아이들한테?' 그런 얘기를
> 했었어요. 그러니까 '아, 그럼!' 이러더라고요. 또 '더 좋은 대안학교도
> 있겠지만, 한 개라도 이런 곳이 있다는 것만으로도 이 안에서 자란 아
> 이들이 계속 늘어날 거 아니에요. 그렇게 자란 아이들이 또 사회에서
> 좋은 일을 하겠지?' 이렇게 물어보니까 '아, 그럼!' 그러더라고요. 그럴
> 때 학교 하길 잘했다 그런 생각이 들곤 하죠." (우주)

부모조합원들 또한 아이를 위한 최선이 여기에 있다고 여긴다. 바로 이 점이 그토록 여러 가지 부담, 즉 비용의 부담, 관계의 부담, 참여의 부담, 책임의 부담, 알 수 없는 내일에 대한 부담에도 불구하고 부모조합원들이

자신의 자리를 지키는 첫 번째 이유이다. 공동육아 활동에 참여하는 정도가 각기 다르긴 하지만 어떤 이에게는 실제로 "거의 직장 생활이나 다름없을" 정도로 조합의 일이 생활의 많은 부분을 차지한다. 2017년도 조합장이자 이 연구의 주 참여자인 보리는 "내 직업이 조합장인 셈"이라고 표현하기도 했다. 이와 달리 공동육아 활동에 적극적으로 참여하지 않고 학교를 잘 방문하지 않는 일부 부모조합원들도 있다. 이들은 일반 어린이집이나 유치원 정도의 참여 수준을 유지하기도 한다. 그러나 조합에 깊이 관여하는 조합원부터 약한 유대만 유지하는 부모에 이르기까지, 이들 모두가 조합을 탈퇴하지 않는 가장 첫 번째 이유는 이것이 자녀를 위한 최선의 선택이라고 생각하기 때문이다. 보리는 이를 다음과 같이 이야기했다.

> "(연구자: 부모조합원들이 탈퇴하지 않는 가장 중요한 이유는?) 많은 사람들은 '내 아이가 좋아해서'예요. 결국 우리 아이한테 좋으니까, (부모로서) 나의 이 불편함과 부담감, 하고 싶지 않은 마음을 (감수하는 이유는)… 매년 조합 총회마다 원비가 오르락내리락하는 와중에도, 그 마음고생을 하면서도, 1년 동안 사람들과 부대끼다 보면 진짜 그만두고 싶다는 생각을 하면서도, 결국은 내 아이한테 좋으니까 계속 있는 거죠." (보리)

"이런 사람들을 어디 가서 또 만나겠어요?"
공동체의 관계 형성

아들은 구름산자연학교에 오기 전에 시립어린이집을 다녔다. 그곳 담임교사와의 면담이 있을 때면 늘 긴장했던 기억이 난다. 어떻게 말을 해야 아이에 대한 좋은 인상을 심어줄까를 넘어서 담임교사에게 우리 아이의 약점이 드러나지 않도록, 아이가 꽤 괜찮은 꼬마라는 생각을 갖게 하도록 몹시도 신경을 썼다. 아마 담임교사도 마찬가지였을 것이다. 담임교사는 어떻게 하면 아이에 대해 최대한 말을 아낄 수 있을까를 고민하는 듯했다. 껄끄러운 이야기를 꺼내야 하는 상황을 절대로 만들고 싶어 하지 않아 보였다. 그러다 보니 우리의 대화는 항상 겉도는 느낌이었다. 아이에 대한 진짜 이야기는 하지 않는 것이다. 어찌 보면 당연한 일인지도 모른다. 부모들은 어린이집에 자녀를 보내는 자신을 보육 서비스를 제공받는 소비자로 여기고, 교사들은 부모를 고객으로 자신을 보육 서비스를 제공하는 사람으로 여기는 이 시류에서, 우리는 아이를 '나누고 있는' 사람들이기보다는 그냥 아이를 각각 알고 있는 타인이다. 서로 관계가 없는 남남인 것이다. 남남끼리 만나 어떻게 내 아이에 대한 진짜 이야기를 할 수 있으랴!

하물며 교사에게도 이럴진대 다른 학부모들을 만날 때는 더했다. 부모들은 모이면 서로서로 누가 더 교양 있는 사람인지 겨루는 것만 같았고, 내 아이가 남들 앞에서 혹여 부끄러운 짓을 하지는 않는지 몹시도 신경 썼으며, 내 아이의 약점이 드러날까 봐 친구 집에 놀러 가는 것을 선뜻 허락하기도 어려워했다(이제까지 내가 만난 대부분의 부모들이 '아이를 우리 집에 놀러 보내라'고 하면 이 때문에 난색을 표하곤 했다. 나 또한 다르지 않아서 아이가 친구 집에 놀러 가는 날에는 내내 신경이 쓰였다). 상대에게 내 아이의 약점이 드러날까 봐 온 신경을 쓰고, 책잡히지 않아야 한다는 생각에 제대로 교류하기도 힘들었던 우리는 철저하게 남남이다. 그런 남남 사이에서는 (상대방) 아이를 있는 그대로 보아주고, 그 아이의 약점을 알면서도 그 아이만의 '다움'을 좋아해주는 그런 일은 요원한 일이다(어쩌면 우리는 지금 이걸 상대방의 아이가 아니라 내 아이에게도 못 하고 있는지도 모른다). 이처럼 육아 고립 시대에 우리는 교사와도, 다른 학부모들과도, 아이를 '나눌 수'가 없는 것이다. 내 삶의 최후의 보루와 같은 교회 공동체 식구들에게조차도 아이를 있는 그대로 나누는 일은 그리 호락호락한 것이 아니었다. 아이 둘을 키우는 동안 이 점이 나를 제일 외롭게 했다. 내 아이를 온전히 나눌 사람이 없다는 것, 내 아이의 강점과 약점, 부끄러운 모습까지도 나눌 수 있는 그런 사람이 없다는 것, 그것은 아이를 키우는 데 있어 가장 강렬하게 나를 외롭게 만든 지점이었다.

이런 맥락에서, 딸기가 조합의 민들레와 항아리에 대해 "정말 가족 같은, 내 부끄러운 모습도 다 보여주는" 사람들이라고 표현했을 때, 그 말은 내 가슴속으로 날아와 나를 깊이 동요시켰다. 딸기는 "동네 엄마들을 만날 때면 아이가 놀이터에서 맨발로 놀면 창피해서 신발을 신기는데, 조합 식구들과 놀 때면 그냥 놔두게 된다"라고 했다. 내 아이가 어떻게 굴어도

아이 함께 키우며 더불어 살아가기

내 아이를 받아주고 이해해주리라는 신뢰가 있는 관계인 셈이다. 그래서 적어도 이들과는 내 아이의 어떤 면 때문에 부끄러운 일은 없는 것이다. 이쯤 되면 이 관계는 더 이상 남이 아니다. 내 아이의 부끄러움까지 나눌 수 있는 이런 관계는, 딸기의 표현처럼 "가족 같은, 가족보다도 더 가까운" 관계다. 딸기뿐만 아니라 민들레와 항아리 또한 조합에서 서로를 만나 이제껏 아이를 함께 키우며 서로의 아이를 나누고 있는 이런 삶의 풍요로움에 대해 이야기했다. 딸기와 민들레, 항아리 모두 8, 9년 전 큰아이를 구름산자연학교에 보내며 조합원이 된 후 지금까지 조합에서 만난 귀한 인연을 자기 삶의 기댈 곳으로 삼고 있다. 민들레와 항아리는 이제 서로 자매 같은 존재여서 한 식구가 이사를 가면 같은 아파트로 따라 이사를 갈 정도로 서로의 가족에게 또 다른 의미의 '가족'이 되어 함께하는 삶을 유지하고 있다.

이렇게 공동육아를 통해 형성된 조합원들의 관계는 '식구 같은' 것이고, 이 관계는 공동육아 과정에서 경험하는 많은 어려움을 감수하는 이유가 된다. 이들은 '식구 같은', '다른 어디 가서 만날 수 없는 사람들'을 잃고 싶지 않기에 많은 어려움에도 불구하고 공동육아를 유지하고 조합을 지키고 있다. 서로서로가 "옆에 있는 조합원 식구들 때문에 내 자리를 지키는 것"인 셈이다. 면담 당시에 조합원이 된 지 몇 개월 지나지 않았던 종이배도 엄마들의 모임에서 조합에서 만난 사람들의 중요성을 이야기하면서 "내가 여기서 이런 사람들을 만났으니 이런 돈(부담스러운 교육비)을 내는 게 후회가 없어"라고 말했다. 또한 항아리는 조합원들과의 관계 속에서, 공동육아 밖에서 만난 엄마들에게서는 느끼지 못했던 환대와 편안함을 경험했다고 했다. 이에 딸기는 아이들에 대한 양육과 교육의 관점이 통하는 조합원들

주말에 텃밭에서 만나 식사를 같이 하는 조합원들

과 함께 있을 때는 아이에 대한 제한도 덜 하게 된다면서 조합원들은 자신의 부끄러운 모습을 다 보여줄 수 있는 "가족 같은" 사람들임을 말했다.

항아리   사실 처음에 저는 자연학교 들어와서 어떤 생각이 들었냐면, 교육관이 비슷한 사람들을 만나서 그렇겠지만, (공동육아) 밖에서 엄마들 만나서 얘기했을 때는 진심을 얘기하면 나를 이상한 사람 취급하는 느낌이 들었어요. 만약에 내가 뭘 모른다 그러면 '뭐야?' (항아리가 눈으로 위아래를 훑어보는 표정을 흉내 내자 다 함께 웃는다) 이런 거 있잖아? '왜 그런 걸 몰라? 애한테 관심도 없어?' 그런 거⋯ 그런데 내가 자연학교 와서 뭘 물어보면 엄마들은 정말 몰라서 그런가 보다 하고 대답을 해주니까 굉장히 편안한 느낌, 정말 진심으로 사람

아이 함께 키우며 더불어 살아가기

을 대해주는 경험을 자연학교 엄마들한테 처음으로 받았던 거 같아요. 그래서 굉장히 편안했어요.

딸 기 난 놀이터에서 애가 막 신발 벗고 놀려고 할 때 (공동육아 밖) 딴 엄마들은 신발 못 벗게 하잖아요, 더러우니까. 그런데 언니들은(조합원들은) '발 자극되고 더 좋아' 이러잖아. 그래서 덜 부끄러워, 이 사람들하고 놀면. (다 함께 웃음) 그리고 아이를 덜 제한해도 돼. 아이가 막 신발 안 신고 돌아다닐 때 이 언니들하고 놀면 그냥 놔두거든요. 근데 아파트 사람들하고 있으면 신발 신기게 돼. (웃음) 항아리나 민들레는 정말 가족 같은, 내 부끄러운 모습도 다 보여주는… 이런 사람들을 내가 어디 가서 또 만나겠어요?

면담에 참여한 조합원들은 모두 공동육아를 통해 자신들의 인생에 가장 중요한 인연들을 만나게 되었다고 이야기했다. 일반 어린이집이나 유치원을 다녔을 때, 살고 있는 아파트 옆집 엄마들과의 교류에서는 경험할 수 없었던 편안함과 환대와 이해를 조합에서 경험했다는 것이다. 또한 조합원들과 서로의 자녀 양육과 교육에 대한 고민과 관점을 나누면서 뜻이 통하는 사람들과 견고한 유대를 형성하게 되었다고도 했다. 이들은 서로를 환대하고 이해하며 삶과 교육의 뜻을 같이하는 관계를 맺을 뿐 아니라, 부재중에 서로의 아이를 돌보고 자신의 물건이나 텃밭의 채소와 반찬을 나누는 방식으로 함께 살아간다. 일종의 관계의 '마을'을 형성한 것이다.

"내 아이를 나눌 사람이 생겼다"
함께 키우기 실현의 장

아이 양육을 하면서 내가 가장 힘들었던 것은 그 무엇도 아닌 외로움이었다. 내가 미끄러지면 아이를 돌볼 사람은 아무도 없다는 생각에 늘 벼랑 끝에 서 있는 듯했고, 아이의 모습을 있는 그대로 이해하고 받아줄 사람은 가족밖에는 없다는 생각에 다른 부모들은커녕 교사와도 내 아이에 대한 진짜 이야기를 나누지 못했다. 그런데 구름산에 와서 처음으로 반 모임을 하던 날, 아이들과 부모들, 교사들이 얽혀 정신없는 와중에 내가 내 아이를 챙기지 않아도 조합원들 중 누군가가 내 아이를 챙기고, 먹이고, 다독이고, 때로는 꾸짖고 하는 모습을 본 그날, 난 마음속 구석구석까지 따뜻함으로 가득 차는 걸 경험했다. 이제까지 늘 나를 몰아세우던 그 벼랑 끝 같던 외로움이 서서히 물러가는 것 같아서 나는 그날 밤 터전 마당의 흙바닥에 앉아 별을 보며 속으로 얼마나 감응(affection) 에 젖었던지… 그리고 담임인 우주, 우주는 내 아이에 대해 그 어떤 '판단'도 하지 않았다. 그냥 늘 따뜻하게 지켜보며 이 아이가 어떤 아이인지 이해하려고 했다. 우주에게는 아이를 포장하여 보여줄 필요가 없었다. 정말 짧은 시간에 난 우주와 내 아이의 강점과 선호뿐 아니라 아이의 욕심과 약점까지 이야기할

아이 함께 키우며 더불어 살아가기

수 있는 사이가 되었다. 다른 부모들과도 마찬가지였다. 틈만 나면 함께 모여 놀고, 서로의 아이를 돌보는 바람에 내 아이를 포장하는 것도, 내 아이만 생각하는 것도 불가능했다. 그렇게 나는 구름산자연학교에 와서야 가족이 아닌 사람들과 아이를 나누는 것이 어떤 경험인지 맛볼 수 있었다.

구름산 조합원들이 공동육아 과정의 많은 어려움에 직면하면서도 조합을 유지하는 중요한 이유 중 하나가 바로 조합은 아이를 함께 키우는, 아이 양육의 짐을 나눠 질 수 있는 공동체라는 점이다. 보리, 민들레, 항아리, 딸기 등이 모두 이를 공통적으로 이야기했다. 이들은 구름산자연학교를 다니면서 자신의 "아이에 대해 나만큼이나 잘 아는 사람들"이 생기고 아이에 대한 걱정과 고민을 속 깊이 나눌 수 있는 누군가가 있다는 점이 엄청 큰 힘이 되었다고 했다. 딸기는 구름산자연학교에 오기 전에는 자신의 아이만 챙기기에도 급급했는데 조합에 들어와 보니 다른 사람들이

아이들과 엄마, 아빠, 교사들이 함께 어울리는 들꽃반 반 모임

자신의 아이를 챙기고 돌보는 것을 보고 안심이 되었을 뿐 아니라, 어느새 자신도 다른 아이들을 돌아보게 되었다고 했다. 딸기는 자신과 다른 조합원들이 비록 물리적으로는 떨어져 살지만 수시로 만나고 접촉하고 고민을 나누기 때문에 심리적으로는 '같이 살고 있다'고도 했다. 민들레는 자연학교의 3년 담임제, 즉 한 교사가 아이를 3년 내내 맡는 것의 장점을 이야기 하기도 했다. 교사조합원들은 보통의 어린이집이나 유치원의 교사들과는 다르게 부모인 자신만큼이나 아이를 자세히 알고 이해하며 사랑하는 사람으로서, 기댈 곳이 된다는 것이다. 딸기는 "정말 내 아이를 나눌 사람이 생겼다"라는 것이 아이를 양육하는 데 매우 큰 힘이 된다고 하였다.

딸 기 …그러면서 점점 더 많은 믿음, 내 아이를 나눈다는 것을 믿는 거. 반달이라는 담임을 통해서 나만큼 내 아이에 대해서 자세히 아는 사람, 정말 내 아이를 나눌 사람이 생겼다는 거….

민들레 그리고 (교사조합들이) 나보다 더 잘 알아, 내 아이를….

연구자 와, 진짜 공동의 육아네요.

민들레 왜냐하면 3년을 담임을 하니까, 그런 장점이 있어요.

딸 기 그리고 부모 모임에도 그런 거 있어요. 해밀이(딸기의 큰아들)가 바위 (민들레의 남편)한테 너무 편하게 진짜 삼촌처럼 대하는, 그런 것도 되게 좋았어요. 그리고 그동안 내가 이런 경험이 없어가지고 그냥 내 아이 겨우 케어하는 정도였는데 주변에서 자꾸 내 애를 케어해 주는 거야. 그러니까 나도 옆 사람을 돌아보고 아, 이런 건가? 애들은 같이 키우는 건가? 애는 마을이 키운다는 생각을 해본 적도 없고, 그런 책을 읽은 적도 없었어. 그런데 여기 왔는데 여긴 날 위해

아이 함께 키우며 더불어 살아가기

준비된 곳이었어. (다 함께 크게 웃음) 왔는데 그렇게 세팅이 돼 있더라고, 난 정말 그냥 끼기만 하면 됐어. 그리고 그 모임을 이들이 이끌고 있었어. (다 같이 웃음)

조합장이었던 보리 또한 이에 대해 여러 번 언급했다. 보리는 조합에 오기 전에 "서로 다 타인일 뿐"인 이 사회에서 아이 양육은 자신에게 너무 힘들고 외로운 일이었다고 했다. 그 말이 나의 체험과 어찌나 꼭 겹치는지 보리의 그 말에 심장이 따끔했었던 기억이 난다. 보리는 구름산자연학교에 와서 내 아이를 함께 바라봐주고 이해할 "옛날 마을 같은" 사람들을 만나게 되었다고 했다. 자신은 막연히 예전처럼 한동네에 살면서 자신의 아이를 같이 돌봐줄 수 있는 사람이 옆에 있다면 좋겠다고 생각했는데 이곳에 와서 이러한 것을 누렸다면서 "외롭게 있다가 이곳에 와서 기댈 곳이 생겼다는 것이 너무 좋았다"라고 말했다. 보리는 이를 "혜택"이라고 표현하기도 했다.

"그런데 지금은 (양육 환경이 옛날 마을처럼) 그러지 않잖아요? 지금은 서로 다 타인일 뿐이고 오롯이 엄마가 다(혼자 알아서) 키워야 하는데 내가 줄 수 있는 그 품이라는 게 좁아 보이더라고요. 내가 할 수 있는 영역이 좁고… 그래서, …전 그냥 옛날같이 한동네에 살면서 내 아이를 이렇게 같이 돌봐줄 수 있는 사람이 있었으면 싶었어요. 나는 거기에 초점을 뒀고 지금 3년 동안 그 부분에 관한 혜택을 충분히 받았다고 생각을 해요. 그 수혜를 이미 받았다고 생각을 하기 때문에 내가 조합장으로 나설 수도 있었던 거지. 거기에 대한 고마움이 있으니까. 사실 그런 부분이 되게 컸어요. '아이를 같이 키워줬으면 좋겠어, 나한테 괜찮다고 얘기해줬으면 좋겠어. 세상에 많은 기준들이 있고, 요구하는 엄마로서의 기준들마저도 다 그냥 '괜찮다'고 이야기해주는, 나를 너무 닦달하지 않는 사람들이 옆에 있어줬으면 좋겠어.' 그런 생각을 오랫동안 했죠. 그런데 여기서 그 경험을 했지… 결국 나는 이 공동육아, 이 시기가 없었으면 나는 다른 (일반) 유치원에 가서 아이에게 영어와 미술과 체육과 그런 것들을 시켜야 하는지 말아야 하는지 스트레스 받아 가면서 이걸 안 시키면 심지어는 저 엄마들이랑 관계도 못 맺어. 그러면서 꽤 스트레스를 받았을 것 같은데, 그러지 않았던 나의 이 3년의 아이 키우는 시기는 꽤나 행복하게 된 거죠." (보리)

보리가 언급한 것처럼 '아이를 같이 키워줬으면 좋겠다'라는 바람은 아이 양육의 책임이 개별 가정, 특히 개별 가정의 '엄마'들의 일로 귀착되면서 양육이 사회적 일이 아니라 오롯이 개별 가정의 몫으로 맡겨진 이 육아 고립의 시대에 더더욱 큰 바람이 되었다. 이런 육아 고립의 시대에 내 아이에 대한 어떤 판단이나 평가 없이 아이를 따뜻한 눈길로 바라보며 기다려주고, 나만큼이나 내 아이에게 관심을 갖고 귀하게 여기며 함께 돌봐주고, 나의 양육의 고단함에 대해 '괜찮다'며 격려해주는 사람들이 곁에 있다는 것은 부모들에게 매우 큰 위안이자 기댈 곳일 뿐 아니라 양육의 사회 안전망이며 중요한 사회적 자본이기도 하다. 그렇기에 우리가 경험한 '아이 함께 키우기'의 이 삶을 같이할 수 있는 공동육아조합이라는 이 공동체는 조합원들에게는 어떤 어려움이 있어도 감수하고 헤치고 나갈 만한 가치가 있는 것이었다.

아이 함께 키우며 더불어 살아가기

"제가 성장하는 느낌이 들었어요"
자기 성장의 장

어떤 프로젝트나 강의 혹은 누군가 내게 어떤 작업을 제안했을 때, 그 일에 참여하기로 결정하는 나의 가장 중요한 기준은 '그 일에서 내가 얼마나 배울 수 있는가?' 하는 점이다. 물론 나 또한 가성비가 중요해서 그 일에 들어가는 에너지와 그에 상응하는 사례도 선택의 중요한 기준이다. 하지만 가성비가 매우 좋지 않아 보이는(!) 일이라 할지라도 그 일을 통해 내가 색다른 배움의 기쁨을 경험할 수 있다면 그 일에 참여하는 것이 값진 선택이라고 생각한다. 새로운 경험과 배움의 즐거움, 그것이 나를 오늘과 또 다르게 자라나게 하고 결국 나의 지평을 새롭게 할 것이기 때문이다. 이러한 선택의 기준을 한마디로 표현하면 '자라남/성장'이고, 그 흔한 전문 용어(!)로 하자면 '교육(pedagogy로서의)'이다. 그런데 때로 우리 삶에서는 내가 마음먹고 시작한 일이 아니었는데도, 하다 보니 나도 모르게 그러한 성장을 이룬, 그래서 어느덧 나의 존재 지평이 달라지는 경우가 있다. 구름산자연학교의 많은 조합원들도 공동육아 과정에서 그러한 경험을 한다.

부모조합원들은 대부분 조합에 처음 들어왔을 때, 공동육아에 대해 깊이 있게 알지 못했을 뿐 아니라 공동육아에 대한 특별한 뜻이나 의지가 있었던 것도 아니었다. 그저 "내 아이를 위해", "주위에서 좋은 기관이라고 추천해서" 오게 된 경우이다. 양육에 대한 시야도 좁아서, "내 아이 하나 잘 키우는 데 관심이 있는" 엄마로, 자신의 아이 중심으로만 바라보았으며, 사회적 육아나 그 밖의 사회문제에도 큰 관심이 없었다. 그런데 시간이 지나면서 조합에서 함께 부대끼고 살아가면서 자신의 아이만 생각하던 시야가 차츰 더 넓어지고, 성장의 초점이 아이들에게서 자신들에게로 옮겨가고, 나아가 사회문제에도 관심을 가질 만큼 시야가 넓어지는 것을 경험했다. 또한 공동육아 과정에서 많은 사람들과 갈등을 겪으면서 자신과 다른 의견을 가진 사람들과 조율하는 방식을 배우고, 자신과 성향이 다른 사람들과도 같이하는 방법을 찾을 수 있었다. 항아리는 특별히 이 부분에 대해 매우 자세히 이야기해주었는데, 자신이 조합의 공동육아를 통해 자신의 아이와 가정만 생각하던 데서 나아가 이웃의 아이와 사회적 문제애까지 관심을 갖게 되고 시야가 넓어지면서 스스로 많이 바뀌고 성장했다고 말했다.

> **항아리** 전 처음에 아이 때문에 왔죠. 자연에서 노는 걸 선택하고 싶어서. 그런데 여기 와서 보니까 처음엔 아이만 좋은 곳에 보내면 그 아이가 잘 크는 줄 알았어요. 그런데 보니까 아이도 잘 뛰어놀려면 나도 잘 뛰어노는 부모여야 되더라고요. 그래야 내가 원하는 조금이라도 나은, 뭐라고 하지… 제대로 뛰어노는 그런 아이가 될 수 있겠다는 생각이 드는 거예요. 그건 아이만 보내서 될 일이 아니라는 생각이 들었고… 나는 다니면서 제가 성장하는 느낌이 들었어요. 자연학교 안에 선생님들도 훌륭하시고 옆에 있는 사람들한테 내가, 아까 애

아이 함께 키우며 더불어 살아가기

기하기를 주변 아빠들 때문에 아빠들이 변했다고 했잖아요. 저는 제가 많이 변했어요. 예를 들어, 저는 예전에 책이나 신문 이런 시사에 관심이 없었어요. 그래서 단지 내 아이만 이렇게 바라보고 내 가정만 바라봤던 사람인 것 같아요. 그냥 내 아이가 잘 크면 됐지. 그런 생각이 제 안에 있었는데 이렇게 세상을 둘러볼 수 있게, '지금 우리 사회에 이런 일이 일어나고 있어, 그런 거에 대해서 어떻게 생각해?' 그런 얘기들이 옆에서 자꾸 들려오는 거예요. 관심이 없었다가도 내 관심이 거기에 대해서 들면 나도 같이 그 옆에 있는 사람들과 나누게 되면서 내가 가진 시야들이 이렇게 넓어지는 느낌이 들었고, 처음에는 그게 아주 작았었지만 한번 이렇게 바라보고 또 보니까 어느덧 그 방향으로 내가 이렇게 바라보게 되더라고요.

연구자 삶의 지평이 달라졌네요!

항아리 저희는 지안이 아빠나 저나 자연학교 보내고 나서 많이 달라졌어요. 아이에 대한 생각, 세상에 대한 생각. 처음에는 나만 아니면 되지 그랬다면 지금은 '우리'가 된 거죠. 사실 자연학교 안에서 '우리'가 시작된 건데 이게 자꾸 이렇게 넓어지는 일들을 학교에서 계속 만들어주시는 거예요. 지난번 공간 만들 때도 이렇게 (다른 조합원들이) '지역사회와 함께 우리가 좀 더 넓게 봐야 된다', 이렇게 자꾸 찔리는 얘기를 하는 거야. 선생님들도, '사실 네 아이 여기 보낸 것도 네 아이만 잘 크면 되니까 좋은 학교 보내고 싶어서 그런 거잖아?' 이런 얘기도 해주고… 엄마들끼리도 '사실 자연학교 귀족학교야' 이런 얘기도 서로 하고, '실제는(속으로는) 애가 자연에서 뛰어놀면서 서울대 가기 원하는 거지?' 이런 얘기도 서로 막 하는 거야. (다 같이 웃음) 그러면 '내가 진짜 그랬나?' 그런 생각도 하면서 스스로 돌아보게 되고… 자꾸 그렇게 하게끔 자극들을 주니까 거기에 대해서 한 번쯤은 고민하게 되고 제가 살면서 이런 거구나 하는 생각조차 안 했다가 정립해가는 그런 과정을 계속 겪은 거 같아요. 그러면서 실제 그전에는 아이한테 내가 '친구들이랑 사이좋게 놀아야지', 이렇게 말은 하지만 사실 내 마음은… 그런데 실제 내가 이(조합) 안에서 다른 사람들과 잘 지내보려고 노력하면서 있잖아요? 그러니까 내가 내 아이한테 좀 더 당당하게 얘기해줄 수 있는, 부모로서 약간은 당당해진 느낌 그런 걸 좀 받았어요.

항아리는 처음에 아이를 좋은 곳에 보내면 되는 줄로 알았는데, 와서 보니 아이가 진짜 잘 놀 수 있는 아이가 되려면 자신이 먼저 잘 '뛰어노는' 부모여야 한다는 것을, 아이만 보내서 될 일이 아니라는 것을 깨달았다고 했다. 그렇게 해서 항아리는 조합의 많은 일에 함께하면서 교사들과 부모 조합원들에게 많은 영향을 받고 이전에는 관심을 두지 않았던 사회문제에까지 서서히 관심을 가질 정도로 변화했다. 이러한 항아리의 변화는 '어느덧' 이뤄진 것으로, '내 아이만 잘 크면 됐지' 하던 생각에서 '세상을 둘러볼 수 있는' 눈으로 삶의 지평이 확장되었다.

또한 항아리는 조합의 많은 일들을 하면서 타인과의 부대낌 속에서 본인과 맞지 않는 사람과도 '잘 지내려고 노력하고', 타인의 입장을 고려하는 경험을 지속적으로 했기 때문에 자신의 아이들에게 '친구들과 사이좋게' 지내라고 당당히 이야기할 수 있게 되었다. 말로만 아이들을 가르치는 것이 아니라 본인이 그렇게 살고 있기에, 아이들에게 삶으로 보여주고 있기에, 아이들에게 가르치고 싶은 부분을 당당히 이야기할 수 있었다. 결국 아이를 위해 찾아온 공동육아의 장에서 항아리는 자기 자신이 더 좋은 부모, 더 좋은 사람으로 성장할 수 있었다.

아이 함께 키우며 더불어 살아가기

"내 아이 개념을 지나"
나를 넘어선 우리에 대한 생각

　　공동육아조합의 많은 부모들에게 조합의 다양한 사업과 행사 참여는
큰 부담이지만, 어떤 조합원들은 그러한 참여가 공동육아의 강점이라 여기
고 스스로 주도하여 실행하면서 공동육아의 즐거움을 찾기도 한다. 민들
레가 그 대표적인 사례로 꼽히는 이다. 구름산 조합원이 된 지 올해로 8년
째인 민들레는 자녀가 구름산자연학교 유아반에 입학하면서 그때까지 다
니던 직장을 그만두고 입학 초기부터 조합 일에 매우 열성적으로 참여했
다. 민들레의 자녀가 입학하던 시기에는 구름산자연학교에 입학을 원하는
부모들이 많았다. 민들레는 면담을 통해 "치열한 경쟁률을 뚫고 들어온 케
이스"로 "열의가 빵빵"했고, 입학하고 나서 아이들만 기관에 보내는 게 아
니라 부모들이 함께 모여서 무엇인가를 함께한다는 점이 "너무 좋았다"고
했다. 공동육아 조합원으로서의 참여가 민들레에게는 부담이 아니라 오히
려 매력과 장점이었던 것이다.

> 민들레　저는 여기 와서 좋았던 게, 애들만 안 보내고 어른들이 같이 뭘 하
> 　　　는 게 그게 너무 좋았어요. 모여서 같이 막 뭐도 하고, 그런 사진을

(입학 전에) 이미 카페에서 봤어요. 그래서 마음이 이미 반은 갔어요. (웃음) (입학설명회) 와봤더니 너무 좋았죠. 그래서 '나는 꼭 여길 보낼 거야. 어떻게든 여길 꼭 붙어야 돼.', 그런 생각을 하는데… 그땐 우리가 경쟁이 2 대 1 정도 되고 그랬어요. 그래서 안 될까 봐 막 원서 미리 써놓고 돈도 미리 준비하고… 발표하는 날 아침 9시부터 학교에 계속 전화했죠. "발표 언제 나느냐?"라고, 합격됐다고 그랬을 때 내가 막 소리 지르고, 직원들이 박수 다 쳐주고 (다 함께 웃음) 그래서 출자금이랑 교육비도 제일 먼저 보냈어요. 혹시나 뭐 변경이 있을까 봐. 그렇게 왔는데 부모 활동도 많고 해서 어차피 전 아이가 유치원 가면 회사를 그만두는 걸로 바위(남편)랑 얘기했는데 회사에서 계속 좀 더 있어달라고 해서 1년은 더 있기로 하고 갔는데 보니까 그럴 상황도 안 되고 하기에, 회사에다 번복을 하고 퇴사한 후 계속 자연학교에 파묻혀 살고 있죠, 지금까지.

연구자 회사 그만둔 거를 후회한 적은 없어요?

민들레 없어요. 오히려 회사에서는 스트레스를 되게 많이 받았는데, 여기서도 스트레스가 있지만 좀 다른 스트레스예요. 그(회사) 스트레스는 뭐랄까 좀 기분 나쁜 스트레스인데 이건 그거와는 더 다른, 굳이 비교하자면 좋은 스트레스? 그래서 전 들어와서 잘 지내고 지금까지 행복해요. 바위(남편)가 저에게 "아마 넌 대한민국에서 행복지수 100점인 사람 중에 한 명일 거"라고, 바위는 저뿐만 아니라 자연학교에 가까이에 있는 엄마들을 그렇게 바라봐요. "좋다, 너네는 정말 재밌게 산다." 그렇게 얘기해요.

민들레는 자녀가 이제 초등 고학년이 되었는데, 입학 후 지금까지 조합에서 다양한 일들을 줄기차게 해오고 있다. 사과나 떡, 어묵 같은 질 좋

구름산 엄마들이 제작한 수공예품과 나눔을 위해 기증된 옷가지들

은 식자재 판매처를 찾아 조합원들이 공동구매하는 활동도 한다. 이것은 소소한 수익 사업이기도 하다. 조합원들이 구매 금액에 일정한 후원금을 추가하여 입금하는 방식이다. 민들레는 또한 엄마들이 함께 모여 반찬을 만들어 먹으며 한 끼를 나누는 모임, 책을 읽고 이야기하는 모임을 진행하기도 한다. 때로는 천연 화장품, 수공예품을 만드는 소모임도 하는데 이때도 소모임에서 만든 것을 판매하여 조합을 위한 후원금을 모으기도 한다. 몇 년간의 꾸준한 수익 사업을 기반으로 조합은 원아 통학용 승합차 두 대를 구입하기도 했다. 민들레는 수시로 자기 아이의 책이나 물건 등을 조합원들에게 물려주는 나눔도 한다.

민들레가 조합에서 하는 이런저런 일들을 볼 때마다 그저 감탄이 나올 뿐이다. 민들레는 사람들이 스스로 '모인다'는 것에 얼마나 큰 힘이 있는지, 인간 사회에 어떻게 해서 '공동체'라는 것이 가능한 것인지 깨닫게 해준다. 대한민국의 그 어떤 고연봉 회사에서도 저토록 열심히, 즐겁게, 자신의 존재를 던져 일하는 직원을 찾을 수 없을 것이다. 게다가 급여를 받아도 모자랄 판에 자신의 시간과 에너지, 돈까지 써가며 일(그래서 아마도 이것을 '일'로 명명하는 것은 적합하지 않을 것이다. 민들레에게 구름산에서 벌이는 여러 가지 일은 '놀이'에 더 가까운 듯하다)을 하고 있으니… 이런 기이한 현상을 어떻게 설명할 수 있을까? 공동육아라는 것은 분명 '효용성'과 '합리성', '가성비'로는 도무지 이해할 수 없는 일종의 사회적 신비다.

민들레 같은 조합원들은 공동육아에서 아이를 키운 것을 일종의 '혜택'으로 여겼다. 민들레는 자신이 받은 혜택을 다른 조합원들, 그리고 이러한 공동육아 방식을 아직 잘 알지 못하는 타인들과 나누며 다른 아이들에게도 경험하게 하고 싶은 일종의 사회적 책임감을 가지고 있었다. 그래서 민들레는 조합의 앞날을 생각한다. 시간이 흘러 지금의 교사들이 그만두어야 할 때가 오면 그 "빈자리를 내가 채워야" 한다고 생각한다.

> 민들레 저는 일단 사람들이 모여서 뭔가를 도모하는 걸 좋아하니까 그렇기도 하지만, 아이가 이(공동육아) 안에서 잘 자랐잖아요. 잘 자랐는데 내 아이가 잘 자랐으니까 다른 아이들도 이 안에서 잘 자라게 하려면 내가 계속해서 뭔가를 해야 하지 않을까… 저는 뭐 교사들에게 이야기한 적은 없지만 지금 '이 교사들이 나중에 나이가 들어서 못 하게 됐을 때 저 빈자리를 내가 채워야 하지 않을까?' 그런 생각

아이 함께 키우며 더불어 살아가기

을 하고 있었어요. 내가 여기서 유경이를 잘 키웠기 때문에 이 공간이 지속이 되려면 그렇게 해야 한다는 그런 생각을 늘 하고 있지만 용기는 안 나는 거죠. 그 자리가 그렇게 쉬운 자리가 아니기 때문에. 하지만 그런 생각으로 계속 있는 거예요, 이 자연학교에. 내 아이가 받은 혜택을 다른 아이에게도 계속 받게끔 하고 싶은 거죠.

연구자 그럼 민들레에게는 조합원으로 이 자리를 지키는 게 '내 아이' 때문이기도 하지만 '우리들의 아이'라는 그런 대의적인 측면도 있는 거네요.

딸 기 이제 우리는 내 아이를 지나버렸죠. 와보니까 이곳은 애만 키우는 곳이 아니었어. 그래서 유치원으로서의 개념은 아닌 것 같아. 그리고 굳이 내가 그 뜻이 없어도 이들이 하고 있잖아. 이들에 대한 믿음이 있잖아. 그럼 나도 거기 가 있어. 그냥 같이 사는 거 같아요, 이 삶을….

민들레가 갖고 있는 이러한 책임감은 딸기가 표현한 것처럼, 더 이상 '내 아이'만 생각하는 데 머물지 않고 '우리의 아이들'을 생각하는 데로 나아가는, 공동육아를 하는 부모로서 가지게 되는 자연스러운 책무인 셈이다. 보리, 민들레, 딸기, 항아리 모두 공동육아 과정에서 아이 양육의 시야가 넓어진 경험을 이야기했다. 이들은 자신의 아이를 키우기에 급급하고 자기 아이만을 보던 좁은 시야에서 다른 사람이 내 아이를 나만큼이나 이해하고 돌봐주는 경험을 지속적으로 하면서 자신도 다른 아이를 돌아보게 되었다고 했다. 즉, '내 아이'의 개념을 넘어선 '우리의 아이' 개념을 체화한 것이다. 이렇게 이들은 아이 함께 키우기, '공동육아'라는 개념어를 현실로 살아내면서, '공동육아'라는 그 추상을 우리 앞에 현전(現前)시키고 있다.

"개개인들이 다 그대로 살 수 있는"
다양성과 독특성에 대한 존중

나는 학창 시절의 대부분을 괴로움, 답답함, 숨 막힘과 같은 감각들로 기억한다. 그 괴로움과 답답함, 숨 막힘의 원천은 입시를 위한 학업 성적을 우선하는 학교 문화나 나의 성적에 울고 웃는 선생님, 부모님 때문이 아니었다. 나는 학교 일과 성적에 대해서라면 방임에 가까울 정도로 자녀의 학업 성과에 무감한 부모님 슬하에서 컸으며, 그럼에도 대체로 우수한(!) 학업 성과를 유지한 덕분에 선생님들에게 구박(?)받는 일이 별로 없이 컸다. 결과물을 위주로 평가하는 성과 지향적 문화야 학교 말고도 이 사회에 어디나 편만한 것이기에, 그것이 학교여서 유난히 더 괴롭지는 않았다. 학교에서 겪은 나의 괴로움과 숨 막힘의 가장 중요한 이유는 학교가 동일한 기준과 가치, 정답을 추구하는 공간이었기 때문이다.

내게 학교는 교과서 내용과 다른 것에 대한 질문은 용납되지 않는 공간, 열과 오를 맞춘 책상을 다른 방식으로 배치할 것이 허락되지 않는 공간, 교사의 설명과 다른 방법에 대한 언급은 용납되지 않는 공간, 학교에서 정해놓은 '바른 외모'의 기준에 들어맞지 않는 외양은 허용되지 않는 공간, 그렇게 정해놓은 '바름'에서 한 치도 벗어나지 않아야 하는, 남과 다름이 전혀 용납되지 않는 공간이었다. 학교, 그 '정상성'으로 꽉 들어찬 공간! 나에게는 그것이 지고의 괴로움이자 답답함이었다. 게다가 그런 공간에서 내게 바라는 것은 서로 같은 가치를 가지려고 발버둥 치는 옆 친구와 '경쟁'하라는 요구였고, 심지어는 그 '같은 가치'와 '바름'에서 빗겨 나간 친구들을 고발(?)하라는 명령("자습시간에 자습 안 하고 떠든 친구들을 종이에 적어서 내라" 같은)이었다. 그 지경에 이르면 정말이지 숨이 막혀와 그 교실을 마구 뛰쳐나가 버리고 싶었다. 하긴 종종 타의로 교실을 벗어난 적도 몇 번 있었다. 중학교 어느 해엔가는 자습시간에 떠든 친구를 고발하라는 명령에 백지를 제출했는데, 그게 나란 걸 알아낸 담임교사가 빨갛게 상기된 얼굴로 내 뺨을 철썩 때리며 말했다.

"너 반항해? 너 내가 우습지? 이게 예쁘다, 예쁘다 하니까 눈에 뵈는 게 없나? 네가 공부만 잘하면 다야? 나가!"

친구를 고발하라는 명령에 따르지 않음으로 존엄을 지키고 싶었던 나의 백지 제출은 그렇게 담임교사에게 공부 잘하는 '모범생의 반항'으로 치부되었고 난 교실에서 쫓겨나 며칠을 복도에 서 있어야 했다. 내가 백지를 낸 것은 친구들에 대한 어떤 깊은 애정이나 의리 때문이 아니었다(나는 그런 종류의 '착한' 친구가 아니었다). 나는 그저 자습시간에 떠드는 것이 고발당할 정도로 나쁜 일이라고 생각지 않았고, 그런 일로 친구를 고발할 만큼 비루해지고 싶지 않았다. 나를 위해, 나의 존엄을 지키기 위한 선택이었을 뿐이다. 지금 돌이켜 보니 중고등학교 시절 그렇게 복도에 서 있었던 적이 종종 있었으니, 내가 공부를 잘해서 '교사들에게 구박을 받지는 않았다'는 것도 왜곡된 기억일지 모르겠다. 나는 학생들을 성적순으로 앉힌 교실에 그대로 앉아 있고 싶지 않아 몰래 자리를 바꾸었다가 쫓겨나가기도 했고, 일요

일에도 강행되었던 '자율(!)학습'에 참여하지 않는다고 일주일을 복도에 서 있기도 했다. 결국 일요일 자율학습은 장장 일주일을 복도에서 버틴 끝에 담임선생님이 항복(?)하는 것으로 마무리되었고, 나는 동급생 500여 명 중에 일요일 자율학습을 하러 나가지 않은 학생 두 명 중 한 명으로 유명세를 떨치기도 했다.

그렇게 나의 학창 시절에는 지금 세태에서는 있을 수 없는 많은 일들이 '학교'라는 이름을 가진 공간에서 벌어졌다. 그런 일들을 답답함, 괴로움, 숨 막힘으로 견뎌낸 나는, 그 어린 나이에도 종종 학교를 폭력의 공간으로 생각했다. 힘 있는 어른들이 정해놓은 '바름'을 모두에게 강요하는, 모든 학생에게 같은 것을 추구하라고 다그치는, 실제로 물리력을 행사하면서까지 아이들을 같은 사람들로 만들려고 하는 그 그악스러운 욕망은 어떤 '한(unique) 아이'에게는 폭력이었다. 학교가 지향하는 같음의 강요, 그것은 자신의 시선으로, 자신의 사람다움과 '독특함'을 지키며 살아가려는 한 아이에게 '폭력'일 수밖에 없다.

대학에서 아동학을 전공하고 어린이집 교사가 되었을 때, 어린이집과 유치원은 '학교'와는 많이 다를 줄 알았다. 아이들은 '발달' 과정에 있는 존재이니, '개별적인' 접근을 해야 한다고 배웠고, 어린이집은 아이들의 개별성을 존중하는 공간일 줄 알았다. 그러나 유치원과 어린이집 또한 '학교'가 가진 지향과 크게 다르지 않았다. 대부분의 유치원과 어린이집은 '바름', '모범(답)', '착함'이 학교보다 더욱 명확한 형태로 존재했다. 유아교육기관 교사들의 주요 역할은 아이들에게 "예쁘게" 말하고, "예쁘게" 앉아 있고, "예쁘게" 인사하는 일을 종용하는 것이다. 유아교육기관에서 교사들이 일상적으로 사용하는 이 '예쁘게'는 우리 사회가 아이들에게 요구하는 바름과

아이 함께 키우며 더불어 살아가기

착함의 의미를 잘 담고 있다. 때로 유아교육기관에서는 이를 '인성교육'이라고 부르기도 했다. 그러한 일들이 인성을 '교육'하는 일인지는 알 수 없으나 어린이집과 유치원이 그렇게 '착한 아이'를 만들어가며 아이들을 '사회화'하는 첫 공간인 것은 분명하다.

유아교육 현장에서 교사 생활을 하며, 대학원에서 아동학과 유아교육을 전공하는 내내 생각했다. 유아'교육'기관은 태생적으로 그럴 수밖에 없는 공간인가? 같은 '예쁨'과 같은 '바름'과 같은 '착함'을 반복해서 가르치고, 아이들을 그 공통의 답에 길들이는 것이 유아교육기관의 역할인 것인가? 모두 각기 다른 아이들에게, 아이들의 그 독특함대로 살아가도록 하면 '교육'이 아닌 것인가? 이것은 집단 교육의 어쩔 수 없는 한계인가? 이런 고민을 하던 내게 구름산자연학교 교사들이 보여준 아이들을 대하는 방식은 유아'교육'기관의 태생적 한계를 넘어설 가능성을 열어주는 것이었다. 구름산의 교사들은 아이들을 '훌륭하게' 키우려고 하지 않았다. 그저 "이 아이가 어떤 아이인가?"를 생각하며 "이 아이가 어제는 이런 아이인 줄 알았는데 오늘 보니 또 이런 아이"임을 깨닫는다. 즉, 구름산 교사들은 아이의 그 아이다움, 아이의 독특성을 향해 있었다. 그들은 어떤 가치의 중심을 향해 가는 것이 아니라 그 무엇이라도 될 수 있는 아이들의 잠재력과 가능성의 무한함을 향하고 있었다. 이것은 최근 사회과학계를 주름잡고 있는 포스트-휴먼(post-human) 사조의 대부(!)인 들뢰즈(Deleuze, 1997, 2004)가 그의 여러 저서(특히, 《주름: 라이프니츠와 바로크》나 《프루스트와 기호들》)에서 말하는 '일의성(univocité)'과 '이것임(heccéité)'이 어떻게 현실화하는지, 반 마넨(van Manen, 2014)이 말하는 "독특함의 교육"이 우리 삶에서 구체적으로 어떻게 표현될 수 있는지 잘 보여준다. 이 부분은 구름산 교사 별똥과의 면담에서 잘 드러났다. 별똥은 조합원들이 여러 가지 어려움에도 불구하고 조합을 유지하는 이유를 물었을 때, 무엇보다 공동육아조합이라는 형태가 아이들과 부모, 교사들 모두 "개개인들이 다 그대로 살 수 있는" 방식이기 때문임을 언급했다.

이 부분에 관해서는 별똥의 말을 그대로 옮기는 것이 훨씬 나을 것이다. 그 어떤 전공자의 설명이나 교육학 이론보다 별똥의 말을 통한 살아 있는 표현들이 그 독특함의 교육, '일의성'과 '이것임'의 철학을 잘 드러내준다.

연구자   그럼에도 불구하고 우리는 왜 조합을 포기하지 않고 조합의 형태를 유지하려고 하는 걸까요?

별 똥   저도 조합 형태를 유지하고 싶긴 한데, 그랬으니까 지금까지 남아 있겠죠? 안 그랬으면 벌써 박차고 다른 곳으로 갔을 텐데…(웃음) 일단은… 어, 아이들과 함께 이렇게 살아가는, 우리가 어른들의 삶을 기준으로, 어른들의 어떤 것을 중심으로, 어른들의 생활에 필요한 어떤 것을 생산하는 일이라면 좀 다를 수 있는데 우리는 아이들과 관련된, 그래서 아이들의 삶과 얽혀서 같이 살고 있는 사람들이잖아요? 그런데 아이들이 답이 없게(답이 정해져 있지 않게) 살고 있잖아요? 매일매일 다르잖아요? 저 아이가 이런 아이라고 생각했는데 오늘 보니 또 이런 아이인데, 그런 거죠. 또 아이들처럼 부모님들도 그런 거예요. 다 개별적으로 만나가야 하는… 교사들 역시도 이렇게 보면, 누군가가 결정권자가 있어서 하면 어떤 때 그게 어떤 아이들에게는 맞지 않을 때가 분명히 있거든요. 어떤 지점에서는 우주가 낸 의견이 그 아이에게는 더 낫겠다, 이런 것도 있지만 또 다른

아이 함께 키우며 더불어 살아가기

지점에서는 다를 수 있으니까… 아빠 같은 교사가 있으면 엄마 같은 교사도 있고, 고모 같은 교사도 있고 그래야 되는데, 친구 같은 교사도 있고 그렇게… 여긴 그러한 곳이어야지 아이들이 즐겁게 생활할 수 있는데 한두 사람만, 엄마 아빠만 딱 있는 그런 곳이면 내가 굳이 할 필요가 없는 곳이죠. 내가 굳이 안 해도 그렇게 하는 곳들은 얼마든지 있을 테니까, 그렇지 않게 여기는 개개인들이 다 그대로 살 수 있는…. 그건 결국 아이들 삶을 그대로 봐주려면 어른들도 그렇게 지낼 수밖에 없어요. 우리도 똑같이… 그러다 보니까 이제 우주가 나보다 나이가 일곱 살이나 많지만 내가 '우주~' 하면서 (동등하게 말하면서) 지낼 수 있는 거죠. 우리 애들끼리, 주원이랑 중훈이가 대화하듯이 그렇게 똑같이 대화할 수 있는 거죠. 부모님들하고도 마찬가지고… '선생님~' 이렇게 되면 아무래도 어떤 결정권이나 이런 것들이 흔들릴 수밖에 없거든요. 그렇지 않고 아이나 교사나 부모가 다 공평한 이 구조는, 어쩔 수 없이 시간이 좀 걸리긴 하겠지만, 아이들이 크는 그만큼… 사실은 어른들은 그 시간을 다 보내고 어른이 됐지만 아이들 다시 이렇게 키울 때는 어른들이 아이의 속도를 못 따라가기도 하잖아요. 교사나 부모님들이 아이의 속도를 못 따라가기도 하거든요. 어떻게 보면, 그 속도가 어쩌면 지금 어른들이 다른 어떠한 기준이 있기 때문에 그런 거 아닌가, 그래서 원래대로 (인간의) 원래대로 타고난 그것대로 지내려면 그래야 되지 않을까, 아이들 세계처럼… 효율적인 어른들의 세계를 따로 만들려면 그럴 수도 있는데, 우리는 그러려고 하는 게 아니니까….

얼마 전 내가 열혈 시청한 드라마, 〈낭만닥터 김사부2〉에 이런 '사이다 신'이 하나 있었다. 돌담병원 신임 원장이 병원의 적자 구조 운운하며 외상이나 응급 환자를 대폭 줄이고 시스템을 개선하겠다고 한 것을 두고 우리의 수간호사 오명심 씨가 병원장에게 파일을 던져가며 핏대를 높여 말한다. "의사가, 의료진이 환자보다 이윤 추구가 먼저라면 그 병원 볼 장 다 본 거 아닙니까? 차라리 문을 닫으세요!" 이 장면을 본 서울(!)내기 마취의가 기막히다는 듯, "수간호사가 원장한테… 여기는 위도 아래도 없다"라고 하자 돌담병원 마취의가 말한다. "여기가 원래 그래요. 위도 아래도 없고, 위계도 없고. 대신 서로에 대한 존중이 있지요." 순간, 그 말이 얼마나 멋있던지 변우민(돌담병원 마취의)이 다 멋있어 보일 지경이었다. 위계질서 없음을 비꼬는 주류인의 말에 자신들은 위계질서보다 사람살이에 더 중요한 '존중'이 있음을 당당하게 대답하는 비주류인의 소신이라니! 그의 말대로 돌담병원 의사들이 점점 김사부에게 감응되어, 나중에는 "급여를 더 준다고 해도 요즘 애들이 안 할" 그런 일들을 자진해서 하는 의사가 되어가는 것은 돌담병원이 위계 시스템을 잘 갖추어서가 아니었다. 김사부가 지시해서도 아니었다. 그건 한 전공의의 말처럼, "어떤 한 사람(권력자)이 지시한다고 할 수 있는 일이 아니다." 각자의 사람됨을 존중하는 삶을 경험하면서, 한 사람으로 존중받는 맥락 속에 한 사람으로서 스스로 선택하는 일인 것이다.

구름산자연학교가 아이들과 부모들의 다양성과 독특성을 존중하는 공간이 될 수 있었던 매우 결정적인 힘은 조합 내에, 교사진 내에 위계가 없는 데서 나온다. 구름산자연학교는 초창기부터 지금까지 교장이 따로 없는 구조다. 창립자이자 터전의 집주인이며, 창립 후 지금까지 교사로 근무해온 우주의 존재를 생각해볼 때 이는 매우 독특한 점이다. 흔히 이런 경우라면 창립자가 교장 역할을 맡고 본인과 철학적 교육적 뜻을 같이하는 교사들을 이끈다. 그러나 교사들은 물론 우주 또한 교장처럼 누군가

아이 함께 키우며 더불어 살아가기

보다 강한 결정권을 갖는 구조를 원치 않는다. 교장(별똥의 표현을 빌리자면 "대장")이 있으면 그 한 사람의 의견이 실질적으로는 명령이 되고, 그 결과 좋은 학교의 모습에서 멀어진다는 것이다.

구름산자연학교의 진정한 독특성은 구성원들 간의 위계 없음에서 한 걸음 더 나아가 공통의 철학 혹은 지향 없음에 있다. 구름산자연학교는 공유하고 있는 공통의 교육 철학이나 지향이 없다. 처음에 나는 이 부분이 자못 이해가 되지 않았다. 대부분의 대안학교나 공동육아조합에서는 구성원들이 이 부분을 맞추기 위해 오랜 시간을 공들여 준비하고, 이 공통의 철학 때문에 힘들어하고, 살고 죽고, 결국 이것 때문에 헤어지기도 한다. 그런데 우주는 너무나도 선선히 "개인이 살아온 게 다 다른데 그것을 어떻게 하나로 하자고 한다는 것은 삶을 어색하게 만든다"고 했다. 그리고 철학이라는 것은 당위나 인식으로 바뀌는 게 아니라 삶에서 조금씩 배워 가며 깨닫는 것이라고 말한다.

우 주 여기는 교장 없어야 된다, 그런 얘기를 많이 했죠.

연구자 교장이 없어야 하는 중요한 이유를 꼽으라면 어떤 게 있을까요?

우 주 어… 교장이 있으면 의견이 공평해지지가 않는 거죠. 어떤 사람의 의견이 실질적으로 명령이 돼서 하달되는 거고, 그거는 좋은 학교의 모습이 될 수 없다는 생각이 들어요. 저도 한편으로 그 생각에 동의를 해요. 만약에 내가 교장이 됐다면… 내 성격에 저 사람 아니라고 생각하면, 교사도 자르고 그러지 않았을까? 하는 생각도 들고.

(중략)

우 주 그거(교육 철학)는 맞추고 싶다고 해서 맞춰지는 게 아니더라고요. 개인의 성향이나 환경, 개인이 자라온 배경이 있고 그래서… 그게 교육으로 '어떻게 하자'고 해서 한다면 또 아주 어색해져요. 그 사람의 행동이나, 마인드나, 성장 환경이 다른데 '다 같이 이런 거를 해보자'고 제안하면 그 사람의 행동이 부자연스러워지게 돼요. 그 사람이 자라왔던 환경에서 오는 저항 같은 게 있으니까. 그러니까 그 사람이 조금씩, 조금씩 바뀌는 과정에서 철학도 바뀌는 거지, '우리 교육 철학을 이렇게 하자', 이렇게 해서 바뀌는 게 철학이 아니에요. 개인의 철학도 그렇잖아요. 조금씩, 조금씩 배워가면서 깨닫게 되고 그러는 거지. 지금 당장 철학은 이렇고… 우리 철학 논의한다고 해서 해결되는 게 하나도 없잖아요? 그런 거 같아요. 교육 철학도.

별똥 또한 이러한 '공통의 철학 없음'이야말로 구름산공동육아조합이 지금까지 이를 수 있도록 한 힘이라고 생각했다. 별똥은 다른 곳에는 대부분 알게 모르게 '대장'이 있는 반면, 자신들은 누구 하나 특출하게 잘난 사람이 없으니 누구를 추종하거나, 누구의 의견을 더 따르거나 할 것이 없었다는 것이다. 별똥은 이것이야말로 조합을 "멈추지 않고 여기까지 오게 한 방법"이라고 여긴다. 이러한 구름산의 '대장 없음', '강요할 공통의 철학 없음'은 교사 간의 관계에서뿐만 아니라 교사와 아이들 사이에서도 마찬가지다. 별똥은 자신들이 '선생님'이 되어 앞에서 이끌어주려면 공통의 철학이 필요하겠지만 자신들은 아이들에게 어떤 "확고한 신념을 심어주기 위해 있는 게 아니라" 아이들이 "자연스럽게 자기 삶을 찾아가도록 하는 조력자"이므로 공통의 철학이 필요 없는 것이 아니겠냐고 반문한다. 별똥은 교사들이 가진 '공통의 철학'은 우리가 완전히 새로운 아이를 만났을 때는 작동되

아이 함께 키우며 더불어 살아가기

지 못할 것이라는 점을 일깨워준다. 이렇게 구름산은 존재의 일의성과 독특함이 일반성을 압도하는 공간인 셈이다.

연구자 저번에 제가 우주를 인터뷰하면서 뭐가 되게 신기했냐면 보통의 대안학교는 교육적 지향을 하나로 모으기 위해서 아주 준비를 많이 하고, 학교를 열고 나서도 교사들이 하나의 교육 철학을 갖기 위해서 노력을 하잖아요? 저는 우리 구름산자연학교도 그런 게 있다고 생각했어요. 그런데 알고 봤더니 없는 거예요. 실제로 우주가 없다고 하더라고요. (같이 웃음) 그리고 우주는 "그렇게 해야 한다고 생각을 해본 적이 없다"라고 말을 하는데, 저는 그게 되게 쇼킹하면서도, 한 대 맞는 듯했고… 어떤 해석의 기운이 확 열리는 계기가 됐거든요. 그러면서도 그게 15년간 가능했다는 게 정말 신기했는데, 지금 별똥의 이야기를 들으니까 정말 이해가 돼요… 아, 이게 바로 자연학교의 공동체가 일을 해나가는 방식이구나. 이 공동체가 의사를 결정하는 하나의 방식이구나. 저마다 자기가 하고 싶고 꿈꾸는 것을 내놓고, 누군가가 거기에 대해서 그게 아니라고 하면 부딪쳐 이야기하면 되지, 다 같이 뭔가를 정해놓고 '자, 이제부터 이렇게 하는 거야', 이렇게 하지 않는다는 걸 다시 한번 느낀 거예요. 정답, 정해놓은 것이 없다는 게, 구름산자연학교의 핵심적인 힘이 아닐까 하는 생각, 그런 게(정해놓은 게) 없었기 때문에 이 공동체가 이렇게 오랫동안 유지해온 게 아닐까 그런 생각도 들고요.

별 똥 맞아요. 내가 너무 잘나서 굳건한 어떤 교육 철학을 가지고 모든 교사에게 내 철학을 전파시키고, 자꾸 이래야 해, 이런 거거든, 이렇게 했으면 지금까지 못 했겠죠? 잠깐 하다가 또 딴 데 가서 풀어야 되니까… (웃음) 그리고 제가 생각해도 그런 데(대안학교 연수) 가보면, 대안학교 중에 대단히 훌륭한 큰 학교들 있잖아요, 거기서는 선생님들도 연수를 많이 받으러 오지만 학부모들도 선생님들과 대등하게 오셔요. 그런데 얘기를 들어보면 '그래서 저 사람들이 뭐 특별히 대단한 게 있나?' 하고 보면, 저는 그런 큰 연수를 갔을 때에는 '구름산자연학교만 한 곳이 없구나', 이런 생각이 오히려~ (함께 크게 웃음) 오히려 들었어요.

연구자 (웃음) 어떤 점에서 그런 생각을 했어요?

별 똥 어떻게 생각해보면 우리 교사들은 누구 하나가 특출하게 너무 잘난 사람은 없는 거 같은데, 서로 소소하게 다툼도 있고 의견 대립도 있고 그러긴 하지만… 그런데, 다른 데서 온 분들은 이렇게 보면, 알게 모르게 대장이 있더라고요, 학교들마다. '우리도 그런 게 있나?' 하고 아무리 생각해봐도 없는데, 우린 정말 없는데… 그런 큰 학교에 온 그런 분들 보면 아무래도 대장이 있더라고요. 거기에 추종을 하면, 추종이라는 말이 맞지 않을 수 있는데, 같이 가게 되는 거고, 그렇지 않으면 1년 만에 그만두는 거고. 그런데 우리는 교육을 담당하는 교사들이 오래가고 있으니까… 저는 그게 이 학교의 가장 큰 그거(특징/장점)라고 생각하거든요. 저, 우주, 하늘, 옹달샘, 반달 그렇게 교육 교사가 6명인데, 요 6명은 지금 너무 붙박이로 있는 거 같아서, 너무 오랫동안 있어서 어떨 때는 '우리 자체가 이 학교가 변화하는 데 걸림돌이 되지는 않을까?' 이런 생각이 들기도 하지만, 이 멤버들이 이 학교를 15년 동안 중심이 되어서 움직인 사람들이잖아요? 그렇게 누구 하나가 대장이 없기 때문에 할 수 있었는데… 제일 먼저 그런 생각이 들더라고요. 누구 하나를 대장으로 세워놓지 않아서 그래서 같은 이야기를 갖고 또 하고 또 하고 맴도는 거

아이 함께 키우며 더불어 살아가기

터전 앞에 앉은 구름산자연학교 아이들

같지만, 그래도 이게 우리를 멈추지 않고 여기까지 오게 한 방법이
아닐까 하는 생각이 들더라고요.

연구자 저도 그 생각이 들었어요. 이게(공통의 철학이 없는 것) 오히려 15년 유
지하게 한 힘이 아닐까? 그런 생각이 들더라고요.

별 똥 우리가 아이들에게 줄 수 있는 게, 어떤 대단한 확고한 신념을 심어
주기 위해 있는 게 아니라 함께 생활하는 데 있어서 자연스럽게 자
기 삶을 찾아가기 위한 조력자인 사람들이잖아요? 조력자인 사람
들이 대단한 뭔가를 갖고 있으면 그것도 좀 그렇잖아요? 엄마 아빠
가 너무 대단하면 자식들이 바보가 된다고 그러잖아요? 우리가 애
들을 대할 때 그야말로, '선생님'이어서 앞에서 끌어주고, '삶은 이
런 거란다', '예의는 이런 거란다', '밥을 먹을 때는 이렇게 해야 한

단다' 이런 게 아니라 우리가 같이 있는데 뭔가 거슬리면 그냥, '그렇지만~' 그 정도는 할 수 있지만, 우리가 뭔가를 이끌듯이 하는 것은 별로 바람직하지 않은 것 같아요. 그렇다면 우리가 뭐 공통의 철학 같은 게 필요하겠어요? 왜냐하면 아이들이 다 다른데, 공동의 철학이 있으면, 사실 우리가 모르는 어마어마하게 새로운 아이들, 완전 생각지도 못한 성향의 아이를 만나면 우리가 대단하게 밀고 가고 있었던 그 철학이 아닐 수도 있잖아요?

아이 함께 키우며 더불어 살아가기

2부

구름산 아이들의
'진짜 놀이' 이야기

놀이의 쇠퇴 시대 속에서 찾아낸
진짜 놀이[2]

지금의 40, 50대 성인 대부분은 어린 시절에 집과 학교를 벗어나 밖에서 자유롭게 뛰어놀던 경험이 있을 것이다. 나 또한 마당과 동네 공터, 골목 그리고 뒷동산에서 놀았다. 친구들과 어울려서 숨바꼭질과 땅따먹기, 그리고 구슬치기와 전쟁놀이를 했다. 그 당시에는 비록 잘 갖추어진 '놀이터'는 없었지만 우리는 동네 어디서든지 자유롭게 놀 수 있었다. 이렇게 특별한 규제와 제재가 없는 공간에서 정해진 형식 없이 자유롭게 뛰어노는 놀이 경험은 아이들에게 자연과 접속하는 기회이자 자신의 상상력을 실현하는 장이다. 또한 신체를 조절하고 그 한계에 도전하는 경험을 통해 자기 자신과 세계에 대한 자신감을 키우고 기쁨을 맛볼 수 있는 장이다.

자신이 원하는 놀이를 선택하여 자유롭게 노는 아이들은 놀이에 매우 몰입할 뿐 아니라 즐거움과 만족감, 행복감 등을 표현한다. 아동발달 이론가들과 진화생물학자들의 관점에서도 놀이는 아이들이 행복하고 건

---

2) 이 장은 서울대학교 아동학연구실(2017)에서 펴낸 《아동학 강의》 중, 전가일의 원고, 〈아동의 삶에서 놀이는 어떤 의미일까?〉의 원고 내용을 일부 수정한 것이다.

       아이 함께 키우며 더불어 살아가기

강하게 자라게 하는 매우 중요한 원동력이다. 아이들은 놀이를 통해 신체적 성장을 도모하고 신체적 기술과 생존에 필요한 움직임을 익힌다. 이뿐만 아니라 놀이 속에서 다른 이들과 협동하는 방법을 배우고, 타인에게 동감하거나 분노를 조절하는 경험을 한다. 또한 아이들은 놀이를 통해 평소 자신이 상상하고 바라던 그러나 현실 속에서는 좀처럼 실현되기 힘든 욕구들을 충족하기도 하고, 내면에 쌓여 있던 공포와 분노 등을 표출함으로써 억압되어 있는 정서들을 해소하기도 한다. 놀이야말로 아이들이 다양한 정서를 경험하고 사회적인 활동에 접근하는 매우 자연스러운 길인 셈이다. 한마디로 놀이는 아이들의 삶의 질을 결정짓는 가장 중요하고 의미 있는 현상인 것이다.

그러나 놀이의 중요성, 놀 권리에 대한 사회적 합의에도 불구하고 최근 물리적 환경이 도시화, 기계화되면서 아이들의 생활에서 자유로운 놀이 공간은 급속하게 줄어들고 있다. 놀이 공간의 축소는 자유로운 바깥놀이 경험의 감소를 수반하게 된다. 요즘 아이들은 과도한 학습활동과 상품화된 실내 놀이, 디지털 미디어 사용의 증가, 범죄 증가에 기인한 실외 놀이 안전에 대한 우려 등으로 밖에서의 자유로운 놀이를 빼앗기고 있다. 지난 30여 년간 아이들의 건강한 발달과 행복한 삶을 위한 자유로운 놀이, 진정한 놀이의 기회는 점점 축소되어왔고 그 자리는 자본에 의해 상품화된 놀이와 어른들에 의해 기획되는 놀이들로 채워지고 있다.

30년 전에는 집과 학교 밖에서 자유롭게 뛰어노는 아이들이 많았다. 동네 공터와 골목에서 어른의 동행 없이 노는 아이들을 찾아보는 것이 어렵지 않았다. 그러나 이제 아이들에게 놀 수 있는 동네 골목은 사라졌으며 심지어 놀이터에서도 자유롭게 노는 아이들을 만나는 것은 어려운 일이 되었다. 요사이 아이들은 놀이터에서 끝없이 움직임을 제재하는 부모 곁에서 놀거나 좀 더 신나게 놀기 위해 비용을 지불하고 실내 놀이시설이나 큰 놀이공원을 찾아간다. 심지어는 부모와 함께 문화센터에 가서 '창의적'이며 '주도적'으로 놀 수 있는 방법을 강사에게 배우기도 한다. 또한 스마트폰과 컴퓨터로 게임을 하거나 가상현실을 통해 '논다'. 주말마다 유니폼을 입고, 기구를 들고, 어른들의 지시에 따라 달리는 아이들과 그 움직임을 열렬히 응원하는 부모들의 모습을 학교 운동장과 공원에서 볼 수 있다. 이것은 과연 '놀이'인가?

이런 활동들을 우리는 종종 '놀이'라고 부르지만 과연 놀이의 속성, 즉 놀이다움을 갖추고 있는지 의문이 든다. 놀이에 대한 발생론적 논의들은 놀이의 가장 기본적인 속성으로 자발성과 자유를 꼽는다. 놀이는 기본적으로 자기 결정, 자기 규제와 자기 통제를 수반한다는 것이다. 따라서 어른의 계획 속에서, 어른의 지시와 통제를 따라 진행되는 활동에는 놀이의 속성이 빠진 셈이다. 이런 맥락에서 편해문(2015)은 아이들의 진정한 놀이는 어른이 보지 않을 때 일어난다고 하였다. 또한 그레이(Gray, 2014)는 놀이의 중요성에 대한 높은 사회적 인식, 실내 놀이터와 수많은 스포츠 활동의 증가에도 불구하고 요즘처럼 문밖에서 어른의 감시 없이 노는 아이들을 거의 만날 수 없는 지금의 상황을 명백하게 '놀이의 쇠퇴'로 보고 있다.

그렇다면 지금 우리 사회에서 진행되고 있는 놀이의 쇠퇴는 과연 무엇 때문인가? 최근의 연구들에 기초하면 놀이의 쇠퇴를 다음과 같은 네 가지 이유로 추론해볼 수 있다. 첫째, 산업화와 도시화로 인한 아이들 삶의 공간과 생활환경의 변화이다. 30여 년 전에는 지금보다 주거 형태가 다양했으며 도시화가 덜 진행된 곳에서 아이들이 집 마당뿐 아니라 집과 집의 틈

새인 골목이나 동네의 공터, 그리고 뒷동산에 올라가서도 놀았다. 그러나 급격한 산업화와 도시화로 요사이 아이들의 주거 형태는 대부분 아파트가 되었으며 골목이나 공터는 더 이상 찾아볼 수 없게 되었다. 이러한 공간과 생활환경의 변화는 자연스럽게 집 밖에서의 아이들의 자유로운 놀이를 약화시켰다.

둘째, 아이들에게 학습과 관련된 과업(school work)이 과도하게 늘어났다. 30여 년 전 아이들은 친구들과 동네에서 놀거나 부모의 소소한 일을 돕는 것이 일상이었다. 학령기 아동이더라도 하루 3, 4시간 정도 학교에서 공부하면 충분했다. 나머지 시간에 아이들은 밖에서 뛰어놀고 숲속을 탐험하고 가사를 도왔다. 그러나 지금 많은 아동들이 하루 6~8시간 심지어는 10시간까지도 학습과 관련된 인지적 활동을 한다. 과도한 학습 관련 과업으로 아이들은 자유롭게 놀 시간이 없을 뿐만 아니라 놀 만한 마음의 여유와 즐거움도 잃었다. 이런 맥락에서 그레이(Gray, 2014)는 현대 아이들에게 과도한 학습적 과업을 요구하는 이러한 현상을 "학습적 학대(schoolish abuse)"라고 부르기도 하였다. 그의 견해에 전적으로 동의한다. 나는 지금 그 어느 사회에서보다 한국의 많은 아이들이 "학습적 학대"를 받고 있다고 생각한다.

셋째, 아이들의 안전에 대한 불안감과 위험에 대한 공포의 증가이다. 매스미디어의 발달로 유·아동 대상의 흉악 범죄와 안전사고에 대한 정보가 날로 증가하면서 부모와 교사들은 아이들이 밖에서 노는 것을 불안해하고 활동적인 신체놀이의 위험을 걱정하게 되었다. 실제 아이들과 함께 놀이터에 온 많은 보호자들이 안전사고를 우려하여 아이들의 움직임을 제한하고 있다. 아이들이 과잉보호되는 시대인 셈이다. 보호자들과 정책 관런자들이 안전에 대한 불안과 위험에 대한 공포로 아이들의 놀이에서 모든 위험 요소를 제거하려고 노력하면서 아이들의 자유로운 놀이는 점차 쇠퇴해가고 있다.

넷째, 상품화된 놀이와 스마트폰 게임 등과 같은 가짜 놀이의 확산이다. 아이들과 보호자들은 친구들과 놀기 위해 놀이터를 찾기도 하지만 안전과 편리함을 이유로 키즈 카페 같은 실내 놀이시설을 찾는 경우가 많다. 부모와 아이들은 일정한 공간 안에 미리 준비되어 있는 고도로 구조화된 놀이기구들을 사용하며 노는 대가로 비용을 지불한다. 놀이가 상품화된 것이다. 또한 많은 아이들이 보다 어린 시절부터 스마트폰과 컴퓨터 등으로 디지털 게임을 시작한다. 디지털 게임은 아이들에게 매우 큰 자극과 재미를 줄 수 있으나 아이들은 이를 통해 타인과 정서적 교감을 하거나 상호 작용하지 못한다. 버튼을 누르는 것과 같은 단순한 기계 조작으로 개별적 활동에 머무르는 것이 대부분이다. 디지털 게임에서 아이들은 타자와의 갈등, 교감, 협상, 문제 해결 등을 경험하기 어렵다. 이러한 맥락에서 몇몇 저자들은 상품화된 놀이와 디지털 게임 등을 '가짜 놀이'라고 지칭한다.

그렇다면 아이들의 '진짜 놀이'는 무엇일까? 우리는 어디에서 그것을 찾을 수 있을까? 지금 현대사회를 살아가는 한국 아이들의 삶 속에서 '진짜 놀이'가 남아 있는가? 자본주의가 고도화되고 놀이가 상품화된 이 시대에 우리에게 남아 있는 진짜 놀이는 어떤 모습일까? 그리고 우리 아이들의 삶에서 그러한 진짜 놀이를 되찾기 위해서 우리에게 필요한 것은 무엇일까? 아동학 전공자이며, 놀이 연구자를 자처하는 나는 오랫동안 그 물음에 대한 답을 찾아왔다. 그러면서 주목한 것이 유아기관에서의 놀이, 동네 놀이터, 혼자놀이였고, 그 답을 찾아 헤매다 드디어 바로 이곳, 구름산 아이들의 놀이를 만났다.

　　나는 구름산자연학교 아이들의 놀이를 통해, 아무도(특히, 어른들) 기획하지 않은 자유가 있는 아이들의 진짜 놀이, 학습이나 발달처럼 그 무엇을 위한 것이 아니라 놀이 그 자체로 나타나는 진짜 놀이, 그래서 언뜻 보면 버려지며 허비하는 시간으로 여겨지지만 결국 아이들 삶의 정수가 될 진짜 놀이의 모습을 발견할 수 있었다.

물과
더불어 놀기[3]

    물은 구름산 아이들에게 너무나도 매력적인 놀잇감, 놀이 매체, 놀이 친구, 놀이의 그 무엇이다. 구름산 아이들은 산책을 가서 물에 발을 담그기도 하고, 창포물에 머리를 감거나 다양한 색의 물에 손수건을 염색하기도 한다. 또한 여름에는 빨간 고무대야에 물을 담아 첨벙거리기도 하고, 겨울에는 얼음을 깨고 눈 위에 눕기도 한다. 비가 만든 웅덩이에 이것저것 섞어 거대한 탕을 만들기도 하며, 터전의 앞마당에 흐르는 물의 흐름을 응원하기도 한다. 모두가 물과 함께, 물과 더불어 노는 것이다. 물과 더불어 놀이하는 구름산 아이들의 모습은 아이들이 얼마나 반응적이고 유연하고 감각적이고 사물에 감응하는 존재인지 새삼 알게 해준다.

    물은 흐르고, 고이고, 물들이고, 젖게 하고, 닦고, 뭉치게 하고, 부드럽게 한다. 물은 우리를 간질이고, 우리의 피부 위로 흐르며 그 움직임을 감각하게 함으로써 우리가 살갗 있는 존재임을 느끼게 한다. 마치 우리 자신

---

3) 여기에 나오는 구름산자연학교 아이들의 물, 흙, 나무, 실과의 놀이에 대한 이야기는 임부연 등(2020)의 《미래학교를 위한 놀이와 교육》 중 전가일의 원고, 〈물질은 어떻게 아이들과 더불어 운동하는가?〉의 내용 일부에도 인용되어 있다.

나들이 나간 계곡에서 발을 담그고

의 모습을 타자의 시선을 통해 확인하는 것과 같이, 우리는 물을 통해 우리의 몸을 확인하며 느낄 수 있다. 그리고 누구보다 이 물의 흐름에 민감한 감각을 가지고 반응하며, 물과 함께 행위하며, 물에게 감응되는 존재가 바로 아이들이다. 어쩌면 이것은 아이들이 왜 그토록 물을 좋아하는지 그 신비를 풀 수 있는 열쇠일지도 모른다.

물은 정해진 형태도, 색도, 태도도 없으며 손에 잡히지 않는다. 물은 그 어떤 자리에서도 고정되지 않고 흐르고, 매번 자신을 새롭게 하는 운동성 그 자체로 자신의 존재를 특징짓는다. 물은 자신을 담고 있는 용기의 모양에 따라 자신을 변화시키는 신비한 힘이 있다. 물은 그 어떤 것보다 유연해서 무언가를 만나면 거침없이 흐름을 바꿀 줄 안다. 물은 아주 작은 틈새에도 흘러들 수 있으면서, 흘러가며 자신이 마주한 사물들에 그 어떤 것보다 민감하게 반응한다. 물과 같으려면 물의 그 유연함에 민감한 감각까지 필요하다. 그래서 물은 반응성이 낮은 존재들(사람이라는 존재에서 반응성이 낮은 이들은 보통 '어른'이다)에게는 매우 대하기 어려운 상대다.

물은 빨리, 혹은 천천히 흐르고, 어떤 곳에서는 멈추며 무언가를 마주해서는 방향을 바꾼다. 물은 회절 능력이 뛰어나다. 아이들은 물의 그 탁월한 회절 능력을 알기에 물에 더 열광한다. 구름산 아이들도 물과 더불어 노는 것을 무척이나 좋아하고 물에 열광한다. 구름산 아이들은 물 안에서, 물을 '가지고' 노는 것을 즐기기도 하지만 물을 관람하는 것에도 열광했다. 구름산 아이들은 물의 흐름과 속도, 그리고 물이 장애물을 만났을 때의 회절 능력을 따라가며 응원하고 열광하느라 눈을 빛냈다.

식사를 마친 아이들 세 명(주원, 혜성, 성훈; 가명)이 이를 닦자마자 부리나케 앞마당으로 나간다. 앞마당으로 나온 아이들은 소리친다.

"오늘도 대한민국 놀이 하자!"

그때, 앞마당을 지나던 옹달샘이 말한다.

"너네 어제처럼 물 많이 틀어놓으면 안 된다."

때마침 우주도 마당으로 나온다. 옹달샘의 눈치를 살피던 아이들은 우주와 옹달샘을 번갈아 보더니 굴하지 않고 말한다.

"그래도, 물 조금만 쓰면 안 돼?"

우주는 어쩔 수 없다는 듯 수도꼭지의 잠금을 풀며 말한다.

"너네, 한 번만 틀어줄 거다~"

앞마당의 수도꼭지에서 물이 시원하게 흘러나온다. 물은 시멘트 바닥을 따라 마구 흘러간다.

"간~다!"

아이들이 물을 따라가며 외친다. 시멘트 바닥을 흐르던 물은 시멘트

아이 함께 키우며 더불어 살아가기

마당에서 물의 흐름을 따라 놀기

바닥이 갈라져 만들어진 작은 틈새로 모여들어 손바닥만 한 웅덩이를
만든다. 셋은 물이 고인 그 바닥의 주변에 옹기종기 모여 앉는다. 주원
이 화단가에서 풀을 뜯어 와 동동 띄운다. 물이 더 많이 고이면서 웅덩
이를 벗어나려고 하자 혜성과 성훈은 뒤뜰에서 돌을 가져와 손바닥 웅
덩이의 가장자리에 쌓는다. 물은 시멘트 웅덩이를 벗어날 듯 벗어나지
않으며 찰랑거린다. 아이들의 눈이 커지고 표정이 긴장된다. 주원이 돌
하나를 치워버린다. 위에서 더 많은 물이 흘러내리자 물은 이제 시멘트
웅덩이를 벗어나 사방으로 흘러내린다. 물은 주원이가 치운 돌이 있던
시멘트 마당의 갈라진 틈 사이를 흐르며 가장 큰 물줄기를 만들어낸
다. 주원과 혜성은 시멘트 마당의 갈라진 틈 사이를 흐르는 물을 따라
달려가며 다 같이 외친다.

　　"대~한민국!"

아이들은 물의 흐름을 환호하며 응원한다. 물과 함께 흐르는 아이들!

앞서 말했듯이 구름산 아이들을 처음 만난 날에도 그랬다. 부모들이 식당 안에서 식사를 하는 동안 초등학생부터 유아까지 섞여 있는 조합의 아이들은 식당 밖에서 놀고 있었다. 그때 내 눈에 들어온 그 광경은 단숨에 나를 사로잡았다. 초등학생 아이 네 명이 얼음이 녹은 식당 옆 텃밭에서 쇠파이프를 노 삼아 스티로폼으로 엮은 배를 타고 밭의 이 끝에서 저 끝까지 항해를 하고 있었다.

나는 그날 실로 오랜만에 날것의 놀이 그 자체를 마주친 것에 대한 경이로움으로 넋을 놓고 아이들을 지켜보았다. 배에 아이들이 오르고 내릴 때마다 배의 무게와 균형, 물의 흐름이 달라졌다. 아이들은 그 달라지는 무게와 균형 속에서 물의 흐름을 민감하게 읽어야 항해를 지속할 수 있었다. 물은 아이들의 몸과 배의 무게에 따라 세기와 밀도를 달리하며 흐르고 멈추고, 방향을 바꾸기를 계속했다.

구름산 아이들과 물은 그렇게 서로의 독특함을 이해하고 서로의 움직임을 읽으면서 함께 작동하고 있었다. 물이라는 형태도, 색도, 머묾도 없이 흘러가며 손에 잡히지 않는 그 유연한 사물을 벗 삼아 놀이하는 구름산 아이들은 물만큼이나 그렇게, 자신들의 놀이를 어떤 파인 공간에 가둬 두지 않고 흐르며 진행되도록 하면서, 물만큼이나 유유히 흐르고 있었다.

흙과
더불어 놀기

유아교육기관의 현장 교사와 원장들에게 아이들의 놀이를 주제로 특강하는 경우가 자주 있다. 특강 참석자들에게 가장 자주 듣는 질문 혹은 호소는 "아이들이 실컷 놀고 난 후의 흔적을 엄마들이 너무 싫어해서 자유로운 놀이가 위축된다"는 것이다. 실컷 놀고 난 흔적으로 가장 대표적인 것이 바로 흙이다. 아이들이 산책이나 산행에서 바깥놀이터 여기저기서 실컷 뛰어놀다 보면 바지 엉덩이에 누런 흙물이 묻기 일쑤이고 때로는 머리에도 흙먼지가 묻는다. 아이들의 양말에 가득한 흙물은 잘 빠지지도 않는다. 엄마들은 보통 이런 '놀이의 흔적'들을 몹시도 싫어할 뿐 아니라, 최근에는 이에 대해 불평(아이가 너무 험하게 놀아서 '옷이 다 망가졌다')을 하는 경우도 많아졌다. 그렇지만 어떤 부모들은 아이가 하원할 때, 노랑 차에서 내린 아이가 옷이며 얼굴이며 할 것 없이 온몸이 흙의 흔적으로 꼬질꼬질하게 된 모습을 보고서는 "잘 놀았다"며 흐뭇해한다. 그런 부모들이 모여 있는 곳이 바로 여기, 구름산자연학교이다. 아이의 몸에 남아 있는 흙의 흔적을 보고는, 안심하고(우리 애가 잘 지내고 있구나!), 흐뭇해하고(얼마나 재밌게 놀았겠어!) 감사하는(역시, 이곳에 보내길 정말 잘했어) 구름산 사람들.

터전 뒷산에서 흙과 더불어 노는 구름산 아이들

흙은 파고, 심고, 구멍 내고, 뭉칠 수 있다. 흙은 단단해지고, 질척거리고, 흩날리고, 씨앗을 덮고, 싹을 틔우고, 우리를 지탱한다. 흙은 구름산 아이들의 놀이에 나무, 물과 함께 매우 중요한 물질 중 하나다. 구름산 아이들은 자유로운 바깥놀이 중 많은 시간을 흙과 함께 지낸다. 구름산 아이들에게 가장 인기 있는 놀이터는 바로 교실 뒤편으로 연결된 뒤뜰 텃밭이다. 구름산 아이들은 하루도 빠짐없이 뒤뜰에 올라간다. 뒤뜰에서 흙을 마주한 아이가 기다렸다는 듯이 가장 먼저 하는 것은 땅 파기다. 아이들은 때로 친구들과 함께 무언가를 만들려고 땅을 파기도 하지만 대부분은 마치 반사적인 동작을 하듯 땅을 판다.

땅을 파는 아이들은 손으로 흙을 감각하고 주위의 나뭇가지나 텃밭을 굴러다니는 호미로 흙을 만난다. 비 온 뒤에 흙은 보다 부드러워져서

아이 함께 키우며 더불어 살아가기

손으로 땅을 파기도 쉽다. 그런 날은 먼지도 적어 구름산 아이들이 좋아하는 '텃밭 흙썰매'를 타기에도 제격이다. 뒤뜰에는 눈썰매장에서 볼 수 있는 플라스틱 썰매가 하나 있다. 흙썰매를 타고 내려오는 아이들의 커진 눈과 환희에 찬 표정은 정말이지 압권이다.

비가 내린 다음 날에 땅을 팔 때면 아이들은 손으로 질척거리는 흙을 감각한다. 흠뻑 젖은 흙은 끈적끈적하고 엉겨 붙고, 손가락 사이에 달라붙는다. 가물고 건조할 날이 계속되면 흙은 굳고 딱딱해져 손으로 잘 파지지 않는다. 그런 날은 아이들의 손에 흙이 잘 묻어나지 않는다. 건조한 흙은 아이들의 손 움직임에 잘 반응하지 않는다. 아이들은 그렇게 무르고 촉촉한 흙과 단단하고 건조한 흙을 모두 감각하면서 흙의 성질과 독특함, 그 흙다움을 경험하고 익힌다. 아이들은 그렇게 무르거나 단단하거나 부드러운 온갖 흙을 감각하며 땅을 파고 결국 구덩이를 만든다. 구덩이는 흙이라는 물질에 깊이가 입혀진 것이다. 아이들은 땅을 파서 구덩이를 만들며 그렇게 흙을 통한 깊이도 감각한다.

구름산 아이들은 텃밭에 씨앗을 심거나 감자와 고구마를 캘 때도 흙을 접한다. 씨앗을 심을 때도 아이들은 흙을 판다. 흙으로 덮인 씨앗이 물과 영양분을 머금고 자라서 새싹이 흙을 밀고 올라오려면, "씨앗을 너무 깊이 심어서도 너무 얕게 심어서도 안 된다"라는 교사들의 말을 들은 아이들은 신중한 얼굴로 흙을 파내려간다. 가을배추 씨앗을 뿌리는 구름산 아이들은 호미나 모종삽을 쓰지 않고 직접 손으로 흙을 판다. 구름산 아이들은 손으로 흙을 느끼며 연신 손가락을 세워보았다가 다시 파기를 반복한다. 구름산 아이들은 우주가 말한 '너무 깊지도 얕지도 않은 깊이를' 자신의 손가락으로 헤아려보며, 그 깊이를 몸으로 감각한다. 드디어 너무 깊

구덩이를 파며 흙의 깊이를 감각하는 구름산 아이들

지도 얕지도 않은 깊이가 되었다고 감각한 주원이는 거기서 흙 파기를 멈추고 씨앗을 뿌린다. 씨앗 또한 "너무 하나씩 떨어뜨려 뿌려서도 안 되고 너무 한꺼번에 많이 뿌려서도 안 된다"라는 말을 들은 아이들은 "적당한 양"을 손바닥으로 짐작하고 느껴본다.

　　감자를 심을 때도 마찬가지다. 적당한 깊이의 흙을 파고 씨감자를 심은 아이들은 그 위에 다시 흙을 덮는다. 감자 위에 흙을 덮을 때도 너무 많이 혹은 너무 적게 흙을 덮어서는 안 된다는 것을 알고 있는 아이들은 감자가 땅 밑에서 싹을 틔워 다른 감자들로 주렁주렁 연결될 만큼 적당한 흙을 덮고 토닥인다. 땅에서 고구마와 감자를 캘 때도 마찬가지다. 고구마와 감자를 수확하는 날, 아이들은 흙구덩이에 손을 넣어서 흙 속에 적당한 깊이로 자라고 있는 뿌리열매를 만지고 느끼며, 상처를 내지 않고 캐내려고 주의를 기울여 흙을 판다. 호미를 쓰는 몇몇 아이들은 더욱 조심한

　　　　　　　　　　　　　　　아이 함께 키우며 더불어 살아가기

다. 호미를 너무 깊게 세게 내리치면 고구마가 다칠 수 있다. 흙을 열어 고구마를 꺼낼 수 있고, 동시에 날카로운 호미에 고구마가 다치지 않을 정도의 힘을 주어야 한다. 그 적당한 힘과 깊이를 가늠하기 위해서 아이는 흙과 함께 손을 움직이며 흙을 감각해야 한다. 그렇게 아이들은 흙과 더불어 깊이를 만들고, 깊이를 감각하고, 적당한 힘과 적당한 양을 손가락 끝으로 찾아가며 흙을 마주한다.

나무와
더불어 놀기

　구름산 아이들은 곳곳에서 나무를 만난다. 교실 벽은 나무로 만들어졌고 교실 앞마당에 있는 의자들도, 교실 뒤뜰로 올라가는 계단도, 계단 옆에 지어진 작은 오두막도 모두 나무다(모두 우주가 지었다고 한다). 야산과 연결되어 있는 텃밭이 있는 터전 뒤뜰은 구름산 아이들이 가장 좋아하는 놀이터다. 뒤뜰에는 아이들이 여럿 올라가도 끄떡없을 만큼 튼튼한 둥치를 자랑하는 나무들과 그 나무에 매달아놓은 나무 그네가 있다. 또 뒤뜰에는 여기저기 떨어진 나뭇가지로 가득하다. 뒤뜰에 올라가면 가장 먼저 만나는 나무는 아이들이 올라가기 딱 좋은 높이로 둥치를 뻗었다.

　아이들 가슴팍 정도의 높이에서 시작된 둥치와 너무 거칠지도, 너무 매끄럽지도 않은 질감의 외피를 가진 나무는 그렇게 서서 아이들을 손짓하여 부른다, 오르라고. 구름산 아이들은 그런 나무의 부름에 주저하지 않고 응답하여 나무에 오른다. 아이들은 허벅지에 힘을 주는 동시에 손으로 앞을 짚으며 엉덩이를 옮겨간다. 아이들은 그렇게 온몸으로 나무의 모양과 질감을 읽어낸다. 잘 읽어내야 나무에서 미끄러지지 않고, 떨어지지 않을 수 있다. 나무의 질감, 탄성 같은 그 나무만의 특성과 견고함, 흔들림

　　　　　　　　　아이 함께 키우며 더불어 살아가기

나무에 오르기

과 같은 그 나무만의 움직임을 잘 익혀야 한다. 온몸으로 나무를 잘 감각하고, 익히고, 알고, 친해져야 나무에 오르는 일이 두렵지 않게 된다. 그렇게 나무의 독특함을 자신들의 온몸으로 읽어냄으로써 나무에 오르는 구름산 아이들의 몸에서는 그 순간, 나무와 얽혀서 나무-되기가 벌어진다.

구름산 뒤뜰에는 온갖 종류의 나뭇가지들이 바닥에 뒹굴고 다닌다. 아이들은 그걸 모아 새집을 짓기도 하고 식당을 차리기도 한다. 나뭇가지들은 그 생김에 따라 아이들의 손에서 벽돌도 되고 수저도 되고, 칼이 되었다가 총이 되기도 한다. 아이들이 총놀이를 할 때 들어 올리는 나뭇가지는 영락없이 총과 비슷한 모양새다. 아이들은 먼저 나뭇가지의 모양을 '발견'하고 거기에 역할을 부여하는 것이다. 이렇게 나뭇가지는 자신의 독특함에 따라 아이들과 조우하는 셈이다. 이는 목공 수업을 맡고 있는 우주의 생각에서도 잘 드러난다. 우주는 목공 작업을 하려고 벌목장에서 나무를 얻어 오기도 하고 숲속에 떨어진 나뭇가지들을 모아두었다가 쓰기도 하는데 목공을 시작하기 전에 늘 나무가 가진 본연의 모양을 발견하려고 했다. 우주는 말했다. "강아지를 목공하려면 그 비슷한 모양의 나무를 찾는 게 먼저예요. 어떤 나뭇조각은 이미 강아지 모습을 하고 있으니까, 그냥 그걸 우리가 좀 만져주는 거지."

"나는 산에 갈 때마다 산에 있는 온갖 것들이, 특히 나무가 살아서 움직이는 것 같다는 생각을 해요. 어떨 때는 나에게 웅성웅성 막 이야기를 하는 것 같아. 숲속은 고요한 게 아니라 소리로 가득 차 있는 거지. 얘네가 날 알아본다는 생각이 드니까 나무 하나하나가 다 다른 사람처럼 보이고 나무를 함부로 할 수가 없는 거지. 이런 이야기를 다른 사

아이 함께 키우며 더불어 살아가기

나뭇가지를 가지고 차린 목공소

람들에게 하면 날 이상하게 쳐다봐요. 그런데, 아이들은 안 그러는 거
지. 애들은 나무를 꺼안고 귀를 대고 소리도 듣고, 막 이야기하도 하고
그러잖아요. 애들이 듣는 소리를 어른들이 못 듣는 거지.” (우주)

이처럼 자신을 둘러싼 곳곳에서 나무를 발견해내고, 그 나무와 얽혀
서 놀이를 하는 구름산 아이들의 ‘나무 발견하기’에 대한 ’가치판단’은 구름
산 교사들의 몫이 아닌 듯했다. 구름산에서 교사의 ‘역할을 맡은’ 교육 교
사들은 아이들의 놀이에 들어가는 일이 거의 없을 뿐 아니라 아이들의 놀
이에 대해 어떤 간섭이나 판단을 하는 경우는 더더욱 없다. 구름산 아이들
은 교실 뒤 야산 텃밭에서 나뭇가지를 가지고 총을 쏘거나 칼싸움을 자주
한다. 그러나 구름산의 그 어떤 교사도 이것을 ‘전쟁놀이’로 부르지 않을 뿐

아니라, 이른바 '공격적 놀이'라고 여기거나, 그래서 이러한 놀이들을 어떻게 든 순화시켜야겠다는 의지와 강박을 보이지 않았다. 교육 교사 '반달'은 조합의 카페에 나무총을 겨누는 아이의 사진과 함께 이런 글을 올렸다.

"총을 쏠 때는 반달, 이렇게 바닥에 엎드려서 눈을 이렇게 하는 거야."
폼 나게 앞을 응시하는 눈빛, 찌릿하다. (반달)

전통적인 유아교실에서 누군가에게 총을 겨누는 것은 그것이 비록 놀이일지라도 사람을 해치는 행위를 표현한 것이고, 곧 도덕적 윤리적으로 부적절한 표현으로 판단되기에, 교사라면 응당 아이들의 그러한 놀이에 대한 윤리적 민감성을 가지고 어떻게든 지도하거나 그 놀이의 흐름을 바꾸어야 한다고 생각해왔다. 이러한 점은 유아교실에서 이론과 실제의 양분을 넘어서는 실험들을 진행한 타구치(Taguchi, 2018)의 《들뢰즈와 내부작용 유아교육》에 등장하는 멋진 교사, 크리스틴의 사례와도 크게 다르지 않다. 크리스틴은 자신의 반 아이들이 나무로 총싸움을 하자 그 나뭇가지에게 인격을 부여해 아이들로 하여금 그것이 어디서부터 왔는지 생각하게 했고, 아이들은 총으로 갖고 놀던 나뭇가지에 이름을 붙여주고 나뭇가지의 생애와 가족을 떠올렸다. 그렇게 아이들은 나뭇가지와 친구가 되었고 전쟁놀이에 관한 이슈는 자연스럽게 무화되었다(Taguchi, 2018: 83). 크리스틴의 시도는 매우 훌륭한 것이었지만 나는 여전히 크리스틴이 왜 그런 시도를 했을까 하는 생각을 멈출 수 없다. 혹시 크리스틴은 아이들의 놀이에 인간을 해치는 무기인 '총'이 등장한 것이 윤리적으로 불편했던 탓은 아닐까? 그러나 반달은 여기서 아이가 나무를 들어 표상하는 행위의 의미에

아이 함께 키우며 더불어 살아가기

가치판단을 하지 않는다. 반달은 그저 아이가 나무를 들고 하는 행위 그 자체에 초점을 둔다. 그래서 반달은 자신에게 총을 쏠 때의 자세를 소개하는 아이의 몸을 "폼 나게" 보면서 그 눈을 "찌릿"하다고 말한다. 반달은 그 어떠한 가치판단도 없이 나무를 총으로 발견한 아이와 나무의 얽힘에서 나오는 표현을 받아들인다.

나는 반달의 이런 태도와 언급에서 보편성을 함축하지 않는, 특이성들의 집합으로 주체 없는 개별화로서의 하나의 사건, 언제나 다른 어떤 것이나 전체로 환원될 수 없는 '이것임(hecéité)'인 사건을 대하는 태도를 읽는다. 어쩌면 이런 맥락에서 히로타 데루유키가 교육의 개념에서 가치판단을 배제해야 한다고, 그것이 오히려 가장 윤리적인 방식이라고 이야기한 것이 아닐까?

강아지 만들기 목공활동

실과
더불어 놀기

　구름산자연학교에는 다양한 실들이 있다. 각양각색의 털실, 종이로 만든 지끈, 바느질에 쓰이는 면실, 남은 천들을 꼬아 만든 쓰임새를 알 수 없는 여러 가지 줄. 이것들은 모두 작은 구멍을 통과할 만큼 얇고, 아이들 손길에 따라 구부러지고, 여기서 저기까지 이어줄 만큼 기다랗다. 각양각색의 털실은 한 뼘 목도리도 되고, 거미줄도 되고, 도롱이 인형도 되고, 컵 받침도 된다. 종이로 만든 지끈은 구름자리 아이들이 산행을 갈 때마다 메고 가는 가방이나 바구니가 된다. 면실은 아이들의 손에서 한 땀 한 땀 엮어져 고래도 되고 하트도 되고 별도 된다. 구름산 아이들은 이런 여러 형태의 실에 집중해서 손작업을 하고, 실과 더불어 땀을 흘리고 놀면서 실의 성질과 독특함을 손으로 감각하고 온몸으로 익힌다. 그렇게 구름산 아이들이 몸으로 익힌 실은 저마다 자기다운 지끈 가방, 자기다운 거미줄, 자기다운 바구니, 자기다운 목도리, 자기다운 도롱이 인형과 자기다운 바느질로 표현된다.

　또한 구름산 어른들에게 실은 떨어져 있는 것들, 존재와 존재를 연결해주는 물질이기도 하다. 매 학기 한 번씩 열리는 조합원 공동체 교육에서 최근에는 실이 등장했다. 한 사람이 잡은 실 끝이 이리저리 움직이고 다른 사람들도 각자 저마다 실의 한 지점을 잡아당긴다. 실은 몇 분이 지나지 않아 거미줄처럼 얽힌다. 거미줄처럼 얽힌 실은 조합원들 간의 복잡한 관계를 보여주는 듯하다. 구름자리 공동육아의 조합원들은 서로 멀찌감치 떨어져 있지 않고 관계의 거리가 가까운 덕에 때로는 그 관계로 인한 갈등과 어려움을 겪기도 한다. 그들의 관계는 어떤 하나의 성격으로 규정하기 힘들 만큼 복잡하게 뒤얽혀 있지만 결국 하나로 연결되어 있다. 조합원들의 이 뒤얽힘은 어떤 일반성을 입지 않은 독특한 상호 얽힘인데, 이러한 구름산 사람들의 상호 얽힘을 잘 보여주는 구름산자연학교의 매체가 바로 '실'이다.

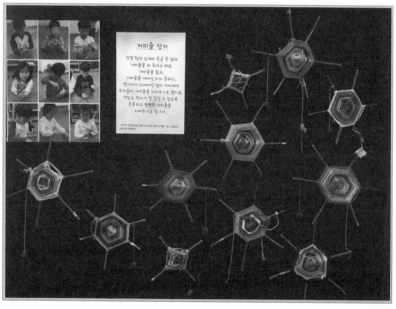

구름산 아이들이 실로 짠 '거미줄'

한 줄의 실은 가로로 횡단하고, 다른 한 줄의 실은 세로로 종단한다. 종과 횡의 운동을 반복하면서 둘은 한곳에서 만난다. 각양각색의 털실이 종횡을 가로질러 만나며 목도리가 되고, 종이를 여러 겹 붙여서 끈이 된 지끈은 종과 횡의 촘촘한 만남을 통해 주머니와 바구니가 된다. 구름산 아이들은 실로 하는 많은 손작업 활동에서 이것을 경험한다. 실과 실의 만남을 계속해서 이어가며 사슬을 만드는 것, 그래서 사슬과 사슬이 계속해서 이어져서 면이 되고, 어떤 모양의 공간이 된다. 단순하지만 쉽지 않은 작업이다. 하나의 가방이나 하나의 목도리를 만들려면, 실과 실을 다양한 모양으로 교차하여 연결하는 작업을 수십, 수백 번 반복해야 한다. 목도리를 만드는 아이의 표정은 몹시도 진지하고, 지끈 바구니를 만드는 아이들의 이마에는 금세 송골송골 땀이 맺힌다.

그러나 수도 없이 반복되는 실과 실의 교차는 단 한 번도 동일하지 않다. 수십, 수백 번이 반복되는 동안 실과 실은 각각이 다 다른 강도와 밀도로 교차한다. 목도리를 짜고 지끈 바구니를 만들 동안 각각의 실과 끈은 각기 다른 강밀도로 교차하며 각기 다른 힘을 갖는 다른 운동을 반복한다. 그렇게 차이가 반복된다(Deleuze, 2004). 서로 다른 강밀도로 교차한 실과 실은 서로 다른 모양의 사슬이 된다. 어떤 사슬은 굵고 어떤 사슬은 촘촘하다. 그러면서 다른 어떤 것과도 같지 않은 독특한 목도리와 바구니가 된다. 엉성하고 느슨하며 듬성듬성한 아이들의 목도리. 아이들이 실과 함께 하는 반복 운동은 그렇게 차이의 반복을 통해 독특함을 생성하는 작업이다.

교육 교사 별똥은 아이들 모두에게 같은 지끈을 주고 바구니 만드는 동작을 시연해 보인다. 아이들이 본 것은 하나의 같은 동작이다. 이제 아

아이 함께 키우며 더불어 살아가기

구름산 아이들이 만든 지끈 가방

이들은 모두 같은 방법으로 지끈과 지끈을 연결해간다. 아이들은 끈과 끈을 연결해가며 하나의 고리라도 놓치지 않으려고 애를 쓰느라 집중한다. 끈과 끈이 같은 모양으로 연결되는 반복 작업이지만 하나의 고리라도 놓치면 그 빠진 하나의 고리가 전체를 무너뜨리기에, 여러 연결고리 중에서 어떤 고리도 중요하지 않은 것이 없다. 어떤 아이는 더욱 작은 고리들을 반복하며 더 촘촘한 면을 만들어가고, 어떤 아이는 구멍이 숭숭 난 것 같은 큰 연결고리들을 반복한다. 그래서 결국 저마다 다른 강도와 밀도로 만난 끈과 끈이 생성한 바구니는 저마다 다른 모양이다. 어떤 바구니는 밑이 좁고 위가 벌어져 있는가 하면 어떤 바구니는 밑과 위와 비슷하게 올라오고, 어떤 바구니는 중간이 좁고 위와 아래가 벌어져 있다. 같은 지끈으로 같은 방법의 연결을 반복했지만 모두 다른 바구니가 되었다. 저마다의 강밀도로 저마다의 바구니-되기가 벌어진다. 끈과 끈이 연결되는 각기 다른 밀도와 강도가 다른 운동성을, 그리하여 결국은 다른 형상을 생성하는 것이다. 이렇게 아이들은 실과 더불어 단 한 번도 같지 않은 무수한 반복을 통해, 실과 실의 만남에 대한 저마다의 강도와 밀도를 표현한다. 아이들마다 자신만의 손 움직임과 강도와 밀도로 만들어낸 자신만의 작품이다. 구름산 아이들이 실과 더불어 만들어낸 그 어떤 것도 똑같은 것이 없다. 마치 자신들 모습처럼…

"이거 봐요, 되게 재미있지 않아요? 같은 지끈을 가지고 같은 방법으로 같이 만들었는데도 이렇게 다 다른 바구니가 돼. 바구니 모양이 다 달라, 한 개도 같은 게 없어요. 어떤 건 촘촘하니 딴딴하고 어떤 건 듬성 듬성 크고 넉넉하게 생겼어요. 바구니 생긴 게 꼭 자기들 같아. 딴딴한 이 바구니는 정말 ☆☆이 바구니답지 않아요? 만든 거 보면, 이 바구니가 애들을 닮아 있어요. 꼭 애들처럼 하나도 같은 게 없이, 다 달라."
(우주)

구름산 아이들이 지끈으로 만든 바구니

아이 함께 키우며 더불어 살아가기

장난감 없이
놀기

어린 시절, 내게는 무엇이든 모자랐다. 맛있는 반찬, 예쁜 옷, '내 방' 같은 사치스러운 공간은 늘 턱없이 부족하거나 없었는데, 그중에서도 가장 부족한 것은 장난감과 그림책이었다. 그나마도 공부를 하는 직업을 가진 아버지가 계셔서 책 사는 걸 중요하게 생각하는 집에서 자랐지만 집에는 늘 돈이 부족했으니, 정말 읽고 싶은 동화책은 생일이나 성탄절처럼 정말 특별한 날 살 수 있는 귀한 선물이었다. 그렇게 손에 받아든 동화책을 표지가 해지도록 읽고 또 읽었다. 어느 해(초등학교 2학년 때로 기억하는데) 겨울방학 내내 의정부에서 홀로 사시는 외할머니 댁에서 보냈는데, 외할머니 댁에 도착한 며칠은 동네 언니들과 눈 쌓인 산이며 얼어붙은 논두렁을 쏘다니느라 정신없이 놀았다. 그러다가 일주일쯤 지나 책이 읽고 싶어졌다. 예쁘장한 그림이 그려진 동화책이 아니라 글자만 가득한 이야기책이어도 상관없었다. 책을 찾아보았다. 외할머니의 작은 방 두 칸짜리 집을 샅샅이 뒤졌지만 단 한 권의 책도 찾지 못했다. 그러자 나의 그 '읽고 싶은' 욕망은 정말 가늘 길 없이 폭주하기 시작했다. 나는 그냥 아무거라도 종이에 활자로 인쇄된 그 어떤 '글'이라도 읽고 싶어 환장할 지경이었다. 그때 내가 경험한 그 강렬한 욕망은 거의 활자에 대한 금단현상 같았다. 나는 다시 한번 서랍 하나하나까지 온 집을 뒤졌다. 그러다 발견한 책! 세로로 쓰인, 그것도 한자까지 드문드문 섞여 있는 성경책이었다. 하는 수 없이 그걸 읽기 시작했다. 그나마 잘 아는 예수님이 등장하는 내용일 것 같아서 4복음서(마태, 마가, 누가, 요한)를 읽었다. 띄엄띄엄 읽기 시작하니 그 이야기 속으로 금방 빨려 들어갔다. 나는 그렇게 외할머니 댁에서의 남은 많은 시간을 (본의 아니게) 성경을 열독하는 것으로 보냈다. 나중에 외할머니가 그 모습을 부모님에게 상세히 묘사하며 자랑(!)해준 덕분에 아빠가 얼마나 기뻐했는지 모른다. 덕분에 나는 초등학교 졸업할 때까지 방학이면 외할머니 댁에서 보냈다. 물론 그 뒤로는 내 책 챙겨 가는 걸 절대 잊지 않았다.

읽기에 대한 9살 아이의 그런 강렬한 욕망은 어디에서 나온 것일까? 나는 그것이 다른 그 무엇도 아닌 결핍이었다고 확신한다. 그 시절의 그 9살 여자아이는 읽을거리가 부족했기 때문에, 읽고 싶어 '환장한' 나머지, 그토록 재미없는 세로쓰기 성경책을 다 읽었던 것이다. 만약 그 아이가 머문 그 방에 세계명작전집이 있었거나, 그 아이에게 책을 살 많은 돈과 주변의 서점이 있었다면 그 아이는 과연 '읽기'를 그토록 강렬히 원했을까? 그랬다면 읽기에 대한 그 아이의 열망과 동기는 분명 달라졌으리라. 이러한 맥락에서 결핍은 인간에게 매우 강렬한 어떤 욕망을 생성하는 기제다. 학습에 있어서는 바로 이 결핍이 많은 부모들이 그토록 원하는 '학습 동기'를 생성하는 것이다. 또한 결핍은 창조의 강렬한 원동력이다. 결핍은 인간의 욕망을 강렬히 생기게 함으로써 우리가 풍요로울 때라면 생각할 수 없었을 상상을 가능하게 한다. 아이러니하게도 배움에 있어서 결핍의 중요성은 이 풍요의 시대에 더더욱 절실히 드러나고 있다. 지금 우리의 아이들에게는

아이 함께 키우며 더불어 살아가기

무엇이나 풍족하다. 무엇이든 부족해서 문제라기보다 많아서 힘든 상황이다. 내가 배우고 싶기도 전에 부모가 다녀야 할 학원들을 정해주고, 내가 읽고 싶기도 전에 방에는 명작과 고전들로 가득 차 있고, 내가 가지고 놀고 싶기도 전에 창의성에 좋다는 블록장난감들이 즐비하니 아이는 과연 언제 무언가를 배우고 싶어 안달을 내며, 읽고 싶어서 환장하며, 그걸 가지고 놀고 싶어 눈을 빛낼 것인가!

이런 맥락에서 몇 년 전 몇몇 유아교실에서 시도한 것 중 하나가 '장난감 없는 교실 만들기'였다. 유아교실에 지나치게 많은 장난감이 있는 것이 아이들의 놀이를 오히려 방해하는 것이 아닐까 하는 자성에서 시작된 것이었다(실제, 놀잇감이 지나치게 많은 경우, 놀잇감이 놀이 공간의 중심을 차지하기도 한다). 이 시도는 유아교육과정의 중심으로 자리 잡지는 못했지만 많은 유아교육 현장에 놀잇감과 놀잇감의 부재, 매체의 부재로 인한 결핍 등에 대한 통찰을 주었다. 그리고 여기 놀잇감의 부재, 그 결핍이 만들어낼 수 있는 배움, 상상력, 창조의 가능성을 보여주는 현장이 바로 구름산자연학교다.

구름산의 각 교실에는 놀잇감이 (거의) 없다. 놀잇감이 없으니 교구장도 없다. 다양한 놀잇감과 교구장이 없으니 일반 유치원이나 어린이집에 있는 '활동영역(역할/수과학/음악/미술/언어 등)'도 없다. 그럴 환경도 아니지만 구름산 사람들에겐 딱히 그런 영역 구분을 할 이유도 필요도 없다. 사각형으로 되어 있는 구름산 교실에는 아이들의 개인 장과 밥을 먹거나 손작업을 할 때 사용하는 낮은 책상이 있고, '장난감'이라고 할 만한 것은 만 5세 반 교실에 있는 나무블록 한 세트가 전부다. 정갈하고 단출한 교실이다. (현상학자들의 언어를 빌려 말하자면) 이 교실은 놀잇감이 '부재한' 교실이 아니라, 놀잇감의 없음 그 '결핍'으로 '가득 찬' 교실이다.

그러나 결핍으로 가득 찬 이 교실에서 아이들은 온갖 다양한 놀이를 한다. 완제품의 장난감이 없으니 구름산 아이들은 놀 때마다 장난감을 '생성'해야만 한다. 미용실 놀이를 시작한 어떤 아이들은 이런저런 시도와 고민 끝에 우주와 함께 폼보드로 가위며 헤어드라이기, 빗을 그려 오려내 사용한다. 물론 여러 가지 색의 천 조각들과 보자기는 벽장에서 찾아낸다.

'결핍'이 주는 장난감 생성의 시도는 이렇게 무언가를 창작하는 것으로도 이뤄지지만 가지고 있는 사물의 배치(질서)를 바꾸는 것을 통해서도 일어난다. 미끄럼을 타고 싶은 아이들은 밥상과 손작업 때 쓰는 낮은 책상을 고민을 거듭하며 이런저런 방식으로 연결한 끝에 미끄럼틀을 만든다. 동생반 아이들까지 다 같이 모인 구름산 아이들은 자기들이 제작한 미끄럼틀 앞에서 저마다 차례를 기다리며 얼굴이 달떠 있다. 또한 구름산의 아이들은 일반적인 유아교육기관에서 통상적으로 '읽기'에만 쓰이는 그림책을 가지고 성을 만들어 한 세계를 창조하기도 한다.

구름산 아이들은 자기 몸을 가지고 노는 것에도 달인이다(요사이 유아교실에서 자기 몸을 가지고 놀 수 있는 아이들이 드문 것과 비교하면 매우 큰 차이다). 점심 식사 후 하원까지의 막간 놀이시간 동안 주원이와 상우는 마주보고 앉더니 다리로 이런저런 장난을 친다. 그러다가 어느새 서로의 다리를 하나씩 교차해서 차례로 짚어가며 노래와 명령어를 반복한다. 우리가 어린 시절 〈고모네 집에 갔더니〉라는 구전동요를 부르며 하던 다리 고르기 놀이와 비슷한, 하지만 그것과는 또 다른(나중에 두 친구 모두에게 물어보았는데 그런 노래와 놀이는 알지 못한다고 했다) 새로운 놀이의 탄생이다. 그 흔한 그네도 미끄럼틀도 그 무엇도 없는 터전의 앞마당에서는 자신들의 규칙으로 만든 자기들 식의 '땅따먹기'를 하는 구름산 아이들의 소리로 왁자지껄하다.

아이 함께 키우며 더불어 살아가기

그림책으로 자신들의 공간을 만든 구름산 아이들

이렇게 장난감의 부재가 가득해서 발생하는 구름산 아이들의 놀이 순간/운동의 생성은 교실의 안과 밖에서 계속된다.

몸으로 노는 구름산 아이들(위) / 마당에서 땅따먹기를 하는 구름산 아이들(아래)

아이 함께 키우며 더불어 살아가기

마당에서
놀기

교실 문이 열리고 아이들이 터전 앞마당으로 우르르 쏟아져 나온다. 남자아이들 한 무리가 마당에서 축구를 하기 위해 공을 찾는다. 아이들이 우주에게 말한다.

"우주, 우주~ 우리 축구하고 싶은데, 공 못 봤어?" 우주는 기다렸다는 듯 아이들에게 말한다. "너희가 지난번에 축구 하다가 공 저쪽으로 들어가 버려서 이제 공 없잖아. 뭐, 어쩔 수 없지. 공 없이 하든지, 공 할 만한 것을 찾아보든지." 아이들은 난감한 얼굴을 하더니 서로를 마주보며 곧장 상의를 한다. "아~ 어쩌지? 뭘로 하지?" "종이 같은 걸로 뭉쳐서 할까?" "야~ 그럼 다 젖지!" 그때 한 아이가 플라스틱 재활용 쓰레기 주머니를 뒤져서 플라스틱 용기 하나를 집어 들더니 큰 소리로 외친다. "야! 이거 어때?" 남자아이들이 화답한다. "오~ 좋네. 물에 젖지도 않고~"

곧장 남자아이들이 몰려들어 축구할 무리를 둘로 나눈다. 홍석(가명)이 팀을 구성하는 역할을 한다. 홍석은 아이들의 기량이 비슷하다고 생각되는 두 명씩 짝을 짓게 해서 가위바위보를 시킨 후 두 개의 모둠으로 나눈다. 홍석이는 오랫동안 주말마다 축구교실에 참여했고 축구에 관해서라면 타의 추종을 불허하는 친구이기에 아이들은 대부분 홍석이네 팀이 되고 싶어 한다. 실제로 대개의 경우에 홍석이가 속한 팀이 이긴다. 홍석이랑 대조적으로 준원(가명)이는 대부분의 아이들이 같은 팀이 되지 않기를 바라는 친구 중 하나다. 준원이는 발도 느린 데다, 공이 왔을 때도 헛발질하기 일쑤다. 아이들은 준원이가 자기 팀이 되면 "아~(내려가는 억양으로) 준원이야" 라며 탐탁지 않은 속내를 숨기지 않는다. 하지만 누구도 준원이가 마당축구에 참여하지 못하게 하거나 자신들의 팀이 되는 걸 막지도 않는다. 그냥 자기 팀의 기량이 상대에 미치지 못할 것을 미리 예측하며 아쉬워할 뿐이다. 또한 정작 준원이 본인도 축구를 썩 즐기지 않을 뿐 아니라, 친구들의 이런 애로사항(!)을 잘 알기에, 평소에는 구름산 아이들의 마당축구에 잘 합류하지 않는다.

그런데 오늘은 다르다. 마당축구에서 축구공 대신 재활용 플라스틱 용기가 등장한 것을 본 준원이는 웬일로 적극적으로 마당축구에 함께하겠다고 나섰다. 준원이는 그날 모처럼 마당축구에 처음부터 끝까지 함께했다. 아이들이 잃어버린 공을 대신한 플라스틱 공(?)은 조그마했고, 잘 구르지 않았고, 멀리 나가지 않았다. 아이들의 마당축구는 평소의 속도보다 다소 느렸고 아이들의 움직임은 천천히 진행되었다. 평소라면 공을 차볼 기회를 좀처럼 갖지 못하고, 좀처럼 얻은 기회에도 헛발질하기 일쑤인 준원이는 이날 꽤 여러 번 공을 찰 기회가 있었고 헛발질 없이 플라스틱 공을 찼다. 플라스틱 공은 평소 차던 축구공과는 또 다른 특징을 가졌기에, 평소 축구를 곧잘 하던 아이들도 이 새로운 공을 다루는 것은 쉽지 않았다. 결과적으로 아이들도 평소와는 다르게 그다지 승부에 집착하지 않으며 축구를 했다. 아이들은 모두 새로운 공의 반응에 적응하느라 매우 몰두하

아이 함께 키우며 더불어 살아가기

터전 마당에서 플라스틱 폐품으로 공놀이하는 구름산 아이들

면서 마당축구의 새로운 재미를 경험했다. 플라스틱 공 덕분에 아이들이 지닌 축구 실력 차이가 무화되고 홍석이와 준원이의 평소 실력은 새롭게 재편된다. 구름산 아이들은 그렇게 플라스틱 공과 뒤얽힌 새로운 놀이의 운동성과 즐거움의 흐름을 생성했다.

이렇게 기존의 흐름과 다른 놀이의 운동성과 즐거움은 플라스틱 공이라는 새로운 물질성으로 인한 것이기도 하고 터전의 마당이라는 공간 덕분이기도 하다. 마당은 탁 트인 너른 넓이감과 잘 닦여진 평평한 바닥을 가진, 그리고 아이들의 놀이 움직임 자체를 목적으로 갖추어진 놀이터나 운동장과는 또 다른 성질을 가진 공간이다. 마당은 좁고, 울퉁불퉁하며, 놀이를 위해 조성된 곳이 아니라 사람들의 드나듦을 위한 통로로 남겨진

터전 마당에서 함께 노는 구름산 아이들

공간이다. 마당에서의 놀이는 마당의 울퉁불퉁함, 좁다랗고 긴 모양, 가끔
씩 통행하는 동네 어른들의 흐름에 따라 달라진다. 구름산 마당에서 놀이
는 그렇게 터전 마당의 성질에 맞추어서 생성되는 독특한 하나의 '이것임'
이다.

　　내가 어렸을 때, 우리 동네에는 지금과 같이 표준화된 어린이 놀이터
는 하나도 없었다. 그 대신 언제든지 누구든지 올라갈 수 있을 만한 나지
막한 뒷산, 아무런 용도가 정해지지 않은 공터, 집과 집의 오감을 위해 비

워진 교통의 공간인 마당과 골목으로 가득했다. 나는 밤늦게까지 동네 친구들과 함께 뒷산과 공터를 쏘다니며 전쟁놀이를 했고, 마당과 골목에서 고무줄놀이, 땅따먹기, 구슬치기, 소꿉놀이를 했다. 그 시절 아이였던 우리에게는 놀이를 위해 따로 할애된 공간인 표준화된 '근린놀이터'는 따로 없었지만, 그러했기에 우리는 어디든 갈 수 있었고, 어디에서나 놀 수 있었다. 우리는 원하는 대부분의 공간을 놀이의 터로 만드는 데 별다른 어려움이 없었다. 지금의 표준화된 근린놀이터에서는 그네와 시소, 조합놀이대라는 '한국 놀이터의 3대 놀이기구'를 이용한 비슷한 모습, 비슷한 놀이가 펼쳐진다. 그러나 마당과 골목처럼 비규준화된 놀이의 터들은 그 모양과 특징이 다르기에 거기에 펼쳐지는 놀이도 모두 달랐다. 각각의 공간이 뿜어내는 물질성에 어울리는 각각의 놀이가 생성되는 것이다.

이처럼 구름산 아이들의 골목 마당놀이는 대부분의 바깥놀이가 표준화된 놀이터에서 표현되는 비슷한 모습인 것과는 다른, 그 공간의 물질성과 구름산 아이들만의 독특한 상호 얽힘으로 인한 놀이의 운동성이 생기하는 환경(milieu)이 된다.

산에서
놀기

구름산의 아이들은 일주일에 한 번씩 산행을 한다. 가장 어린 만 3세 반을 제외한 6, 7세 두 반이 매주 수요일 산을 오른다. 산행은 주로 터전 주변에 위치한 구름산이나 도덕산으로 가는데, 가끔은 더 멀리 나가 주변의 생태공원 등을 방문할 때도 있다. 산행 장소 중에 아이들이 가장 좋아하는 곳은 바로 터전 가장 가까이에 있는 구름산이다. 구름산에 오르는 경로는 여러 가지인데 저수지를 낀 농원에서 출발해 올라갈 때도 있고, 산 중턱에서 시작해서 정상까지 이르는 방법도 있다. 하지만 산행에서 매번 꼭 정상까지 가려고 하지는 않는다. 어떤 때는 정상에 올라 그곳의 정자에서 간식을 먹는 호사를 누리기도 하지만 어떤 때는 (정상을 목표로 출발한 경우라도) 오르는 과정에서 적당한 공간을 만나 재미있는 놀이에 심취하기도 하며 때로는 아예 처음부터 정상에 오를 계획이 전혀 없이, 산 아래 있는 영회원(민회빈강씨의 묘소) 언저리에서 실컷 놀다 오기도 한다. 구름산자연학교에서는 이 모든 여정을 '산행'이라고 부른다.

산행에는 6, 7세반 아이 전부와 6세반 담임교사, 6세반 산행 도우미(보

아이 함께 키우며 더불어 살아가기

통 부모조합원 중 그해에 산행 도우미를 자원한 엄마 혹은 아빠) 한 사람, 7세반 담임교사와 7세반 산행 도우미, 그리고 차량 교사 두 명으로 총 6명의 어른이 동행한다. 나는 조합원으로 있던 2017년 2학기에 산행 도우미를 한 덕분에 매주 수요일을 아이들과 함께할 수 있었다. 산행은 미세먼지로 대기 상황이 유난히 좋지 않거나 비와 눈이 많이 내리는 날이 아니면 취소하지 않는다. 산행은 반별로 오르지만 꼭 대오를 정비하지는 않는다. 나는 산행에서 일행의 제일 마지막에 자리하곤 했는데, 아이들을 지켜보기 위해서라기보다 아이들보다 숨이 달려서 그랬다. 실제로, 산행의 첫날에는 어찌나 힘에 부치던지 '내가 오히려 아이들의 짐이 될 것'이라는 걱정을 어느 정도 실현시켰다. 그래도 5세 들꽃반 아이들이 나를 포기하지 않고, "반딧불 힘내!"를 연신 외쳐주어 정상까지 간신히 오를 수 있었다.

영회원은 구름산 아이들이 가장 좋아하는 산행 장소 중 하나다. 구름산 중턱에 잔디밭이 무척이나 넓게 펼쳐져 있다. 몇몇 아이들은 입구 쪽

산 정상에 오른 구름산 아이들

에 누워 있는 사다리 하나에 들어왔다 나가기를 반복하고 몇몇 아이들은 열매를 따 모으러 분주하게 돌아다닌다. 그러다 몇몇이 발 하나를 높이 차올려 신발 멀리 보내기를 한다. 나무, 친구, 앞에 있는 누구에게랄 것 없이 신발을 맞히려고 한다. 아이들 몇이 지켜보더니 어느새 함께 발을 열심히 차올린다. 신발은 때로 멀리 날아가기도 하고, 바로 앞에 떨어지기도 하고, 전혀 엉뚱한 방향으로 날아가기도 한다. 이걸 지켜보던 우주가 신발 멀리 보내기를 할 만한 더 좋은 지점을 이야기하며 거기서 함께 하자고 한다. 갑자기 여기저기 흩어져 있던 아이들이 우르르 몰려든다. 아이들은 시키지도 않았는데 한 줄로 늘어서서는 저마다 허공으로 발을 차올린다. 다양한 모양에 다양한 색깔의 신발들이 중구난방 제각각으로 날아간다. 우주가 "하나 둘 셋 하면 같이 차는 거다." 하고서 "하나 둘 셋!"을 외치자 아이들이 한꺼번에 다 같이 허공을 향해 발을 힘차게 내찬다. 다시 한번 형

신발 멀리 보내기 놀이를 하는 구름산 아이들과 교사들

아이 함께 키우며 더불어 살아가기

형색색의 신발들이 힘차게 허공을 날아간다. 이를 지켜보던 소나무(차량 교사)가 갑자기 아이들 앞으로 뛰어간다. 소나무는 아이들이 잘 보이는 구릉 아래 서더니 아이들에게 외친다. "이제 내가 표적이다. 내가 여기 가만히 서 있을게. 나를 맞히는 거야~" 아이들은 또다시 신발을 준비한다. 아이들의 두 눈은 집중하느라 동그랗게 커지고, 뺨은 상기되어 빨갛고, 입은 웃는다. "하나 두울~ 셋!" 다시 한번 우주가 우렁차게 외치자 아이들의 각양각색의 신발이 허공을 날아간다. 소나무는 신발을 맞으려는 듯 손을 흔들고, 이를 지켜보는 우주와 옹달샘(교육 교사)은 활짝 웃는다. 아이들은 신발을 응원하고 소리를 지르고 까르르댄다. 지금 이곳에는 아이들에게 "왜 다른 사람에게 신발을 벗어 날리니? 신발은 장난감이 아니야. 어른한테 신발 날리고 그럼 안 된다. 버릇없는 거야"라고 말하는 어른은 아무도 없다. 지금 이곳에는 어른도, 아이도 없다. 교사도, 학생도 없다. 교수와 학습도 없다. 오직 놀이의 그 생생한 운동성과 놀이하는 사람들의 즐거움만이 생기한다. 지금 이 순간, 놀이의 생기 안에서 어른과 아이, 교사와 학생의 모든 차이가 무화되고 놀이의 감응으로 서로 연결된다.

그렇게 구름산 아이들의 산에서의 놀이는 힘의 차이가 무화되는 운동성의 순간이 된다.

구름산 아이들의 산행을 따라가는 것은 내게 여러 가지로 재미난 일이었다. 일단, 운동을 싫어하는 저질 체력임에도 불구하고 나무와 산을 무척이나 좋아하는 내게 일주일에 한 번 있는 산행은 좋아하는 산과 나무를 실컷 즐기며 본의 아니게(!) 운동도 할 수 있는 일이었다. 또한 터전에서는 이야기 나눌 시간이 별로 없는 교육 교사들이나 차량 교사들과 산에 오르내리며 두런두런 이야기를 나누는 재미도 있었다. 무엇보다 산행이 재미난 이유는 산에서는 그동안 보지 못했던 아이들의 새로운 모습을 볼 수 있다는 점이었다.

구름산 들꽃반의 형진(가명)이는 좀처럼 말이 없었다. 내가 무엇을 물어보거나 말을 시켜도 좀처럼 대답이 없던 형진이는 표정도 무척이나 조심스러웠다. 형진이는 들꽃반 친구들의 왁자지껄한 놀이 사이에서도 조용하게 혼자 책을 읽거나 친구들의 놀이를 차분하게 관람(?)하곤 했다. 내가 조합원이 되어 많은 모임에서 형진이를 여러 번 만나고, 산행 도우미가 되어 일주일에 한 번은 들꽃반 아이들과 하루를 보낼 때도, 형진이네가 우리 집에 놀러 오고 우리가 놀러 가기를 몇 번이나 한 다음에도, 나는 형진이가 말하는 모습을 좀처럼 보지 못했다.

한번은 점심 식사 후 하원 전까지 들꽃반 아이들이 교실에서 놀고 있을 때였다. 아이들이 끼리끼리 여기저기서 미용실놀이도 하고, 블록놀이도 하고, 닭싸움도 하고 있었다. 아이들이 놀고 있는 모습을 보고 있노라면 언제나 배가 부르다. 그런 흐뭇한 마음을 한껏 담아 교실을 한 바퀴 둘러보며 아이들을 살펴보다가 형진이와 눈이 딱 마주쳤다. 형진이는 아이들 속에서 함께 놀지 않고 복도로 나가는 문가에 기대서 들꽃반 아이들이 노는 모습을 바라보고 있었다. 그런데 나와 눈이 마주친 형진이 얼굴이 조금 빨개지는가 싶더니, 갑자기 후다닥 블록놀이를 하고 있던 남자아이들 옆에 가 앉았다. 처음에 나는 무슨 일이 일어난 것인지 알지 못했다. 그런데 블록놀이를 하는 친구들 옆에 가 앉은 형진이의 모습을 보며 알았다. 형진이는 마치 그 아이들 중 하나가 되라는 무언의 요구에 필사적으로 반응하려고 몸부림치는 것 같았다. 아… 그런 형진이의 모습을 보며 가슴이 철렁

아이 함께 키우며 더불어 살아가기

내려앉았다. 형진이가 나의 눈에서 그런 요구를 읽었을지도 모를 일이었다. '너는 왜 다른 친구들이랑 놀지 않니? 너도 저 친구들 중 하나가 돼서 함께 놀아야지!' 이런 무언의 요구가 담긴 눈빛만으로도 압력과 힘이 될 수 있다는 걸 언제나 이야기하고 다녔던 나는, 형진이가 나와 눈이 마주치자마자 놀고 있는 친구들 옆으로 달려가 앉았던 그날, 스스로에게 얼마나 여러 번 묻고 또 물었는지 모른다. '내가 그런 마음을 품고 있었던가?' '내 눈이 나도 모르게 너도 다른 아이들처럼 하라고 요구하고 있었던가?' '그토록 다양성과 자기다움의 중요성을 역설해온 내 마음에도 속 깊숙이에는 여전히 아이들의 정상성에 대한 막연한 기대와 바람이 있었던 것은 아닌가?'

그리고 나서 가을이 한창이던 어느 날 산행에서 우리는 모처럼 영회원에서 오랫동안 원 없이(이것은 어디까지나 어른 입장에서다. 아이들은 항상 '아직 다 못 놀았다니까') 논 날이었다. 그날 모처럼 찾은 영회원에는 우리보다 먼저 산책을 나온 옆 마을 공동육아조합의 어린 친구들이 있었다. 그 조합 교사들이 어딘가에서 주워 온 폐현수막으로 미끄럼을 타고 있었는데 영아들이 많아서인지 아이들은 별 관심이 없었다. 폐현수막 미끄럼놀이에 대한 관심은 우리 들꽃반 아이들에게서 폭발했다. 내가 그 조합의 교사에게 조심스럽게 우리 아이들이 사용해도 되겠냐고 묻자 그이는 자기들은 어차피 지금 가려던 참이니 애들이 가지고 놀도록 주고 가겠다고 했다. 아이들은 환호를 하더니 한 명씩, 때로는 두세 명이 함께 지치지도 않고 미끄럼을 타고 또 탔다. 앞으로 줄지어 타기도 하고 몸을 통째로 엎드려 뒤로, 앞으로 미끄러졌다. 미끄럼을 타러 서 있는 줄 속에는 형진이도 있었다. 언제나처럼 조심스러운 몸짓으로 기다리던 형진이. 그런데 한 번, 두 번 미끄럼을 탈 때마다 형진이의 몸짓이 달라졌다. 처음에는 조심스럽게 두 발을 잡고 타

폐현수막으로 잔디 미끄럼틀을 만들어 타는 구름산 아이들(위)
눈썰매를 타는 구름산 아이들(아래)

아이 함께 키우며 더불어 살아가기

던 형진이는 다음에는 발을 뻗고, 그다음에는 온몸을 활짝 뻗어 미끄럼을 탔다. 그리고 이제까지 보지 못했던 환한 웃음을 지었다. 형진이의 온몸이 날아가는 것만 같아 보이던 그 순간, 나의 온몸도 찌릿했다. 형진이 속에 있던 잠재적인 어떤 것이 현실이 되는 순간을 본 그 감격이라니… 나는 나중에 형진이 엄마와 함께 사진을 보고 또 보면서 서로 감응에 젖었다.

숲은 이렇게 아이들 속에 있던 어떤 것이 드러나게, 또 표현되게 한다. 들뢰즈 식으로 말하자면, 아이들의 '잠재적(virtual)'인 그 무엇을 '현실화(actual)'하는 것이다. 나는 그동안 구름산 아이들뿐 아니라 많은 현장에서 이것을 보아왔다. 교실 밖에서 그리고 특별히 숲에서, 아이들이 자기 존재 안에 잠재되어 있던 주름을 펼치는 것을 수도 없이 보아왔다. 아이들은 숲의 독특한 물질성과 그때그때마다 조우하며 특별한 운동성을 현실화한다. 겁이 많은 원준(가명)이도 숲에서는 흔들리는 나무에 '올라가보는' 신체를 현실화하고, 혼자서는 절대 미끄럼이나 눈썰매를 타지 않는 명석(가명)이도 숲에서 친구와 함께 속도감 있는 눈썰매를 탄다.

숲은 이렇게 아이들의 잠재적인 그 무엇을 현실화하며 아이들 자신이 스스로에게 부여한 어떤 '홈 파인' 질서를 탈주해서 '매끄러운 공간'의 신체로 나아갈 수 있게 하는 신비의 공간이다.

동네
마실 다니기

    구름산 아이들은 일주일에 한 번씩 동네를 산책한다. 말 그대로 동네를 한 바퀴 도는 것이다. 오가는 경로는 그때그때 다르지만 동네를 어슬렁거리는 것이라는 점은 다르지 않다. 구름산 공동육아 터전이 있는 광명의 노온사동은 시 외곽이라서 아직 논밭이 많다. 아이들은 동네 구석구석의 골목이나 마을의 논두렁을 함께 걸으며 변화하는 동네의 봄, 여름, 가을, 겨울 네 계절을 경험한다. 봄이면 모를 심는 동네 아저씨네 앞을 지나가고 가을이면 고추를 말리는 어느 할머니 댁 앞을 지나기도 한다. 마을은 계절마다 다른 색을 입고서, 계절마다 달라지는 일상의 다양한 풍경을 보여준다. 매주 금요일이면 동네 구석구석을 산책하는 구름산 아이들의 동네 마실은 그렇게 이 마을 풍경의 하나가 된다.

    나는 이 '마실'이라는 말이 참 좋은데, '마실'이라고 발음만 해도 그 말의 예쁨이 고스란히 감각되기 때문이다. 그리고 이 말이 참 좋은 또 다른 이유는 우리 사회가 오랫동안 잃어버린 아름다운 것 중 하나이기 때문이다. 마실은 내가 어린 시절에는 흔히 쓰던 말이었으나(외할머니는 나를 데리고 '마실'을 자주 다니셨다), 지금은 용처가 없으니 거의 쓰이지 않는 말이 되었다.

        아이 함께 키우며 더불어 살아가기

동네를 누비는 구름산 아이들

'마실'은 '근처에 사는 이웃에 놀러 가는 일', '이웃에 오가는 일'을 뜻하는 것으로, 원래는 '마을'의 방언이었으나 국립국어원(2015)에서 위와 같은 뜻에 한하여 표준어로 인정하였다. 결국 마실이라는 단어는 마을에서 출발한 것으로, 마실은 '마을'이 서로 놀러 갈 수 있고, 오가는 사람들의 정주의 공간임을 표현하고 있다. 그렇게 자신들이 터 닦고 있는 마을, 그 정주의 공간 구석구석을 누비는, 마실 가는 아이들의 얼굴에서는 빛이 난다.

구름산자연학교에서는 해마다 7월 초복이 되면 '마을 어르신의 날'을 갖는다. 조합원들이 삼계탕을 끓여서 이런저런 찬을 곁들여 마을 어른들에게 한 끼를 대접하는 것이다. 며칠 전부터 닭을 마련하고, 참여하는 조합원들이 서로 맡아 찬거리(김치전과 겉절이, 생오이 같이 소박한 것들이다)를 준비해 놓고 이날 아침에 마을 회관 앞에 커다란 솥을 걸어놓고는 수십 마리의 닭

동네 마실에서

아이 함께 키우며 더불어 살아가기

을 몇 시간씩 삶는다. 동네 어른들에게 한 끼 식사를 대접하면서 아이들이 나와 인사도 드리고 노래도 한 곡 부른다. 아이들이 부르는 노래는 교실 안팎에서 늘 부르던 것 중 하나이다. 특별할 것 없는 이 노래에 마을 어른들은 손뼉을 치고 흥을 내며 좋아하신다. 마을 어른들은 아이들을 보는 것 자체가 흥인 듯이 보인다. 물론, 삼계탕도 너무나 맛있게 드신다. '젊은 엄마들이 이런 걸 다 할 줄 아냐?'는 말을 연신 하시면서. '마을 어르신의 날'은 공동육아는 결국 터 닦고 있는 곳의 사람들로부터 환대받아야 가능한 것으로, 마을의 일부가 되어야만 한다는 우주의 큰 그림(?) 때문에 터전이 이곳에 자리를 잡은 초기부터 계속되었다고 했다. 아닌 게 아니라, 이 꾸준히 이어온 마을 어르신의 날 덕분에 동네 어른들은 대부분 구름산 아이들을 너그러운 시선을 갖고 대하며, 구름산 공동육아 사람들을 마을의 일부로, 자신들의 일부로 여긴다. 구름산공동육아조합은 자신들의 터전이 있는 이곳에서 그렇게 마을의 중요한 사회적 자본이 되었다.

'사회적 자본(Social Capital)'이라는 개념은 미국의 사회학자 콜먼(Coleman)에 의해 알려진 것으로, '우호적 인간관계, 제도에 대한 신뢰, 준법의식 등의 무형 자산'을 일컫는다. 콜먼은 사회적 자본이 일정한 사회구조의 측면과 사회적 구조에 속한 개인들의 행동양식을 일으키는 요소라고 정의했고, 퍼트넘(Putnam)은 '협동적 행위를 촉진시킴으로써 사회의 효율성을 제고시키는 신뢰, 규범, 네트워크'를 사회자본이라고 했다. 한편 후쿠야마는 사회자본을 '그룹과 조직에서 공통 목적을 위해 함께 일하도록 하는 사람들의 능력이며, 사람들 사이의 협력을 가능케 하는 한 집단의 회원들 사이에 공유된 일단의 비공식적인 가치 또는 규범 내지는 신뢰의 존재'로 정의하고 있다. 누구의 정의에 따르든 간에 구름산공동육아조합은 이 마을에서 아이를 함께 키우는 공동체를 만들어가는 것으로, 마을의 우호적인 인간관계를 강화하고, 마을 사람들과 조합원들이 우리 사회를 신뢰할 수 있는 어떤 시스템을 만들어가고 있다는 측면에서 주목할 만한 사회적 자본이라는 생각에 변함이 없다. 그러한 '사회적 자본'이 우리의 삶을, 우리 아이들의 삶을 보다 풍요롭고 살맛나게 할 것이라는 점은 두말할 나위 없겠다. 세계가치관조사(World Value Survey)에 따르면 한국인은 대체로 10명 중 3명만을 믿을 수 있다고 대답했다(한겨레, 2009). 이 수치는 신뢰의 비율이 가장 높은 스웨덴(6.8명)의 절반에도 못 미칠 뿐만 아니라, 중국(5.2명)보다도 낮은 것이다. 이런 상황에서 구름산공동육아조합과 노온사동 사람들은 '마을'의 일부로 얽히면서 서로를 믿을 수 있는 존재로 만들어가며 우리 사회의 신뢰를 강화하고 있다.

아이 함께 키우며 더불어 살아가기

언니, 형, 동생과
함께 논다는 것

구름산자연학교에는 다른 일반적인 유치원이나 어린이집과 마찬가지로 만 3세, 만 4세, 만 5세 이렇게 세 반이 있다. 세 반은 각 교실에 분리되어 있고 담임교사도 다르다. 뜨개질이나 바느질 같은 손작업이나 수채화 그리기 등의 활동도 각 교실에서 별도로 이루어진다. 이런 점에서는 연령별 반 구성을 하고 있는 일반 기관들과 다를 바가 없어 보인다.

그러나 일반적인 유아교육기관의 반 경계가 무척이나 확실한 것과는 달리 구름산자연학교의 반 경계는 언제나 넘기 쉬운 구분선이다. 일단, 자유놀이시간에 구름산 아이들은 특별히 반 구분 없이 논다. 구름산자연학교에서는 손작업이나 이야기 듣기, 산행, 마을 나들이를 제외한 대부분의 시간이 놀이시간인데, 교실의 여러 가지 놀이 영역 중 하나를 선택해야 하는 일반적인 교육기관의 '자유놀이'와는 달리 그야말로 알아서 자유롭게 노는 시간이다. 동생반 아이들이 만 5세반인 들꽃반에 와서 오빠 언니들과 블록놀이나 미용실놀이, '무궁화꽃이 피었습니다'를 같이 하기도 한다. 누나들이 동생들에게 책을 읽어주기도 하고 그러다 심심하면 마당으로 함께 나가 땅따먹기를 하거나 풀을 채집하고 즙을 내어 음식을 만들기도 한다. 마당에서 함께 어울려 놀고 있는 그때, 아이들 사이의 반 구분은 전혀 의미가 없다. 또 산행이나 마을 나들이는 두세 반이 함께 나갈 때가 많은데 아이들은 언니 누나의 손을 잡고 혹은 동생의 손을 잡고 다정하게 걷는다. 이렇게 서로 다른 연령의 아이들이 얽혀서 놀고 생활하는 구름산 아이들의 모습은 연령별 구분이 넘을 수 없는 경계처럼 견고한 기존의 학교와는 전혀 다른 시스템이다.

　이런 구름산 아이들의 모습은 꼭 가정에서, 동네에서 아이들이 얽혀 노는 것과 같이 자연스럽다. 서로 다른 연령의 아이들이 얽혀 노는 것, 이 것이야말로 학교 시스템에 길들여진 우리가 놓치고 있는 매우 중요한 장면 중 하나다.

여러 연령이 어울려 노는 구름산 아이들

아이 함께 키우며 더불어 살아가기

기존 학교(여기서 학교란 우리가 흔히 학교라고 부르는 초중고등학교뿐 아니라 그 스쿨링 시스템을 그대로 담지하고 있는 유치원과 어린이집을 포함한다)에서 연령 구분은 매우 중요한 유지 시스템의 하나다. 이러한 학교에서의 연령 구분과 단일 연령 집단 구성 시스템은 근대과학의 발달과 함께 발흥한 발달심리학인 아동의 발달이론에 기초한 것으로, 발달은 위계적 관계를 지닌 일련의 질서정연한 변화의 상태를 가정하는 개념이다. 연령별 발달 단계의 표준이 실재한다는 믿음은 '발달에 적합한'이라는 개념을 탄생시켰고, 이는 어린이집과 유치원에서부터 고등학교에 이르기까지 제도 학교 전체의 집단 구성을 단일 연령으로 구성하는 것이 가장 '발달에 적합한' 것이 되게 했다. 이러한 동일 연령의 집단 구성은 아이들의 '학습' 효율을 위한 것일 뿐 아니라 관련한 성인들의 편의를 위한 것이기도 하다. 발달에 적합하게 동일 연령으로 편성된 교실의 집단 구성은 발달에 적합한 실제를 제공할 수 있는 편의성뿐만 아니라 아이들을 관리, 통제하는 데 더 효율적인 방식이기 때문이다.

그렇게 해서 학교 시스템 속에서 아이들은 동일한 생물학적 나이를 갖는 또래들이며 비슷한 사회경제적 배경까지 더해지면 더 높은 동질성을 갖는다. 높은 동질성의 집단은 집단 내 구성원들에게 끝없이 서로를 비교하게 하는 동시에 타자들의 다양한 차이를 동질성으로 환원시키려는 관성이 있다. 동질성이 높은 집단의 아이들은 조금이라도 남과 다른 것을 인내하거나 이해하지 못하고 동일함으로의 환원을 강요하거나 서로를 밀어낸다. 동질성이 높은 단일 연령 집단의 구성은 결과적으로 타인의 다름을 매우 이질적으로 여기고 받아들이기 어렵게 만든다. 이렇게 해서 학교의 아이들은 이질적이지 않으려고 끝없이 서로를 비교하고 경쟁하면서 같아지기 위한(같은 목표를 갖고, 같은 인간형이 되기 위한) 필사적 노력을 한다. 교실에서 아이들은 급우들을 더 이상 친구로 여기지 않고 경쟁자로 여긴다. 교실은 동질집단에서 떨어져 나가지 않으려는 팽팽한 긴장으로 가득하다. 바로 이 지점이 우리 사회에서 학생들이 겪고 있는 많은 '문제'(따돌림, 폭력, 우울감)가 발생하는 곳이다. 이런 고도의 동질적 집단인 학교 교실은 다양함이 역동할 수 있는, 수많은 잠재성과 가능성이 펼쳐질 수 있는 공간이 되는 길에서 점점 멀어진다(전가일, 2018).

연령 분리 시스템이 비교육적인 또 다른 이유는 실제 우리의 삶은 연령별로 분리되어 있는 것이 아니라 너무나 다양한 연령이 얽히고 섞여 있다는 점에서 매우 초월적인(비현실적인) 관계성을 가르친다는 점이다. 우리의 가정은 대부분 다양한 연령대로 이루어져 있다. (아이가 있는) 가정은 성인 부모 혹은 또 다른 성인 보호자들과 서로 다른 연령대의 자녀들(어린이)로 이루어진 집단이다. 전통 사회에서는 가족 단위 혹은 마을 단위에서 부모 세대뿐 아니라 윗세대까지 함께 생활을 공유했다. 이러한 다양한 연령의 집단 구성에서 아이들은 가정에서 그리고 마을에서 자연스럽게 체화된 과거(아기를 통해)와 미래(할머니를 통해)를 경험할 수 있다. 일찍이 학교 교사로 살면서 학교의 비교육성을 폭로하며 학교라는 시스템 안에서 탈학교적 교육 실험을 했던 존 개토는 학교의 연령 분리 제도에 대해 다음과 같이 지적한 바 있다.

"(학교에서) 같은 사회계층에 속한 같은 나이의 또래 아이들끼리 묶어 강제(의무) 상태에 두는 체제는 매우 부자연스럽고 반생명적인 일이다. 이 체제는 삶의 헤아릴 수 없는 다양성, 서로 다름 사이에서 일어나는 온갖 상생과 상극의 관계로부터 아이들을 절연시켜놓는다.

아이 함께 키우며 더불어 살아가기

이것은 아이들을 과거와 미래로부터 단절시켜 영속적인 현재 속에 묶어놓는 것이다." (Gatto, 2005)

이러한 맥락에서, 구름산자연학교 아이들의 생활과 놀이에 있어 연령별 구분의 경계가 희미한 것, 아이들이 교실과 마당에서 연령에 상관없이 서로 얽혀 노는 것은 아이들이 동질집단이 되는 것을 방해하고 아이들로 하여금 보다 많은 서로 다름과 다양성을 향해 갈 수 있도록 하는 교육적 기회일 뿐 아니라, 구름산자연학교가 수많은 잠재성이 펼쳐지는 공간이 될 가능성을 열고 있다.

구름산 아이들의 놀이,
놀이중심 교육과정의 아이러니를 넘어

아이들의 삶과 놀이를 평생의 연구 주제로 삼아 공부하고 강의하며 살아온 내게는 말 못 할(!) 오래된 고민이 두 가지 있다. 하나는 '인간이 인간을 가르친다는 것이 과연 가능한 일인가?' 하는 가르치기(teaching)의 불가능성에 대한 고민이고, 다른 하나는 '놀이와 교육과정이 어떻게 화해할 수 있는가?' 하는 문제다. 이 둘은 서로 뫼비우스의 띠처럼 연결되어 있는 문제다.

유아교육에서는 '놀이중심 교육과정', '놀이를 통한 교육'이라는 기조로 표방되는 교육과 놀이의 종합을 오랫동안 시도해왔다. 물론 당연히도, 아이들은 놀이를 통해 배울 뿐만 아니라 놀면서 자신의 성장에 필요한 생물학적 기능을 습득하기도 하고, 이른바 '발달적 영역'들과 관련한 여러 경험을 한다. 그러나 그것은 결과적으로 그러한 것이다. 아이들은 긍정적인 발달 경험을 하려고 노는 것이 아니고, 무엇인가를 배우려고 노는 것은 더더욱 아니다. 그저 노는 것이다. 그래서 몇몇 질적연구자들은 '놀이는 아이들의 일'이라는 유아교육계의 오랜 아포리즘은 아이들의 관점이 아니라, 아이들에게 놀이가 일과 학습이길 바라는 성인들의 관점을 표방한 것임을

아이 함께 키우며 더불어 살아가기

지적하기도 했다(King, 1982; Wing, 1995). 아이들이 놀이를 통해서 '학습'하기를 바라는, 그래서 놀이는 아이들의 일이라고 여겨왔던 우리 어른들의 바람과는 달리, 정작 아이들은 놀이와 일(학습)을 정확하게 구분하고 있었던 것이다. 바로 여기에 놀이와 유아 '교육과정' 종합의 딜레마가 있다.

교육의 전통적인 개념은 가르침(교수)과 배움(학습)의 상호작용을 통해 보다 나은 것을 향해 나아가는 것(가치판단)을 전제로 한다. 전통적인 개념에서 교수(teaching)는 무언가를 전달하고자 하는 의도성을 전제하고, 학습(learing)은 무언가를 익히고자 하는 의지를 전제로 한다. 그렇기에 이 둘의 만남으로 보다 나은 것을 지향한다는 교육은 가치판단을 배제할 수 없다. 이러한 전통적인 개념의 교육은 놀이의 주요한 속성이 자유, 몰입, 즐거움 등이라는 점을 생각해볼 때 놀이다움에서 지나치게 멀다. 따라서 이러한 전통적인 교육 개념을 전제로 한다면 교육과 놀이는 그 속성상 근원적으로 화해할 수 없는 사건이다. 이 둘이 종합되고 화해하기 위해서는 기존의 교육과 교수, 배움에 대한 새로운 이미지가 필요하다.

이제야말로 우리는 '과연 교육을 어떻게 새롭게 사유할 것인가?', '배움', '가르침', '교육' 그리고 '교육과정'이라는 이 이름을 어떻게 새롭게 사유할 것인가에 대한 도전을 마주해야 한다. 어찌 보면 이 도전은 시대적 요청과도 같다. 교육에 대한 새로운 관점, 새로운 이해를 가지지 않는다면, 진정으로 놀이다운 놀이를 통해 아이들의 배움을 이해하며 교육과정을 구축하겠다는 유아교육의 '놀이중심 교육과정'은 그야말로 아이러니로 남게 될 것이기 때문이다. 또한 포스트모던(post-modern)의 시대를 넘어 포스트휴먼(post-human)을 사유하고 있는 이 시대는 우리에게 교수, 학습, 교육을 개념적으로 이해하는 그 '홈 파인 공간'을 탈주할 것을 요청하고 있다. 그렇다면 어떻게 지금의 이 교육, 배움과 가르침을 새롭게 사유할 수 있는가?

이를 위해 우리에게는 '배움'과 '교육'의 개념에 대한 전통적인 '사유의 이미지'를 부수고 새롭게 의미화할 수 있는 사유, 개념에 기초한 사유를 넘어서는 매끄러운 사유, 들뢰즈가 말한 "이미지 없는 사유"가 필요하다. 탈인간을 고민하고, 인간중심주의의 자만을 성찰하는 이 포스트휴먼시대를 살아갈 수 있는 새로운 배움, 가르침, 교육에 대한 사유! 이것은 우리가 갖고 있던 '배움'과 '가르침', '교육'에 대한 기존의 이미지를 흔들고, 부수고, 훼파함으로써, 그리고 그러한 기존의 이미지를 흔들고 있는 우리 삶의 실제를 찾아 주목함으로써 시작될 것이다. 그리고 나는 기존에 우리가 가진 교육과 배움, 가르침에 대한 기존의 이미지를 흔들고 부수고 무너뜨릴, 그래서 이 포스트휴먼시대에 주목해야 할 삶의 실제로 구름산 아이들의 놀이를 생각한다.

구름산의 교육 교사인 우주는 아이들과 스스럼없이 농담을 주고받았고, 자신의 곁을 맴돌며 팔에 달라붙는 아이들에게 자연스럽게 팔을 내주면서 일을 했고, 아이들의 "우주 바보~"라는 놀림을 우스꽝스럽게 받아냈다. 우주는 대부분 아이들의 놀이 한가운데에 있지 않고, 주로 놀이 바깥쪽으로 비켜나 있었지만 늘 아이들과 함께 있었다. 아이들은 재미난 이야기를 듣고 싶을 때도 우주를 찾았고, 미용실놀이를 하기 위한 도구를 만들 때도 우주를 찾았고, 뒤뜰에서 흙 미끄럼을 타다가 무릎이 까질 때도 우주를 찾았다. 우주를 포함한 구름산의 교사들은 아이들의 놀이를 어떤 배움의 동기나 도구로 여길 생각이 없을 뿐 아니라, 놀이를 '확장'해야 한다든지, 놀이가 어떤 방향으로 되어가야 한다는 생각이 전혀 없었다. 그들에

아이 함께 키우며 더불어 살아가기

우주와 구름산 아이들

게 아이들의 모든 놀이는 "똑같은 게 하나도 없이 그때그때 다 다른", 그래서 아이들의 놀이는 판단할 필요도, 평가할 생각도 없는, 다른 어떤 것과 비교될 수 없는 그야말로 각각이 일의성을 갖는 '이것임(heccéité)'이었다.

구름산 교사들은 그동안 내가 놀이중심 유아교육기관에서 많이 만나오던 '친구 같은 교사'가 아니라, 그냥 아이들의 친구였다. '친구 같은' 교사가 아니라 진짜 친구인 성인 교사는 존재 불가능하리라 생각해온 나는(전가일, 2013), 우주를 통해 처음으로 그 가능성을 마주했다. 구름산에서 우주와 교사들은 아이들과 함께 그렇게 친구로 살고 있었다. 시간이 지날수록, 나는 우주를 볼 때마다 본능적인 시기와 질투가 불일듯 일어났다. 내가 수십 년을 공부해서, 그 어렵다는 하이데거의 《존재와 시간》을 스승과 도반들의 도움을 받아 겨우 읽어내면서, 들뢰즈의 저작들을 겨우겨우 독파해

가며 알아간 것을 이 사람은 이미 몸으로 이해하며 그렇게 살고 있지 않은 가! 그래서 나는 우주를 볼 때마다 진정한 질투를 느꼈다. 교육학이나 유 아교육학을 익히지 않아서, 우주의 표현을 빌자면 "학력과 학식이 둘 다 짧을" 뿐 아니라 심지어 책을 읽는 것도 그다지 좋아하지 않는(!), 그리고 "공동육아를 하면서도 조합의 기본철학이라든지, 교육원리를 맞춰야 한다 고 생각해본 적이 없다"는 우주가 난 정말 진심으로 부러웠다. 우주를 면 담하고 돌아와서 녹음한 것을 전사할 때마다, 한국에서 가장 유명하다는 대학을 나와 이런저런 잡학을 해가는 나의 우문에 언제나 직관적이고 경 험적으로 현답을 하는 우주를 볼 때마다, '과연 공부한다는 것이 무엇일 까?' 하는 생각에 이르기도 했다. 우주는 교육학 이론들을 알지 못했지만, 아동 존중의 철학이나 여러 가지 놀이 이론들을 학문으로 익히지 않았지 만, 참놀이가 무엇인지, 우리가 아이들을 존중한다는 것이 무엇인지, 아이 들의 놀이를 이해한다는 게 어떠한 태도인지 몸으로 알고 있었다. 우주는 그렇게 아이들 한 명 한 명의 일의성과 모든 놀이가 각각 환원될 수 없는 독특한 사건임을 그냥 아이들과 함께함으로써 보여주고 있었다.

우주를 비롯한 구름산 교사들의 놀이와 교육에 대한 이러한 태도는 교육의 전통적 개념이나 (유아) 교육과정에 익숙한 '홈 파인' 제도적 관점과 달리 교육과 놀이라는 붙박인 개념들 속에 다양한 이질성들을 우글거리게 하면서 '매끄러운 공간'으로 탈주하며 우리가 기존에 가지고 있던 개념들 을 흔든다. 이들이 아이들과 교육, 놀이에 대해 갖고 있는 태도는 우리에게 익숙했던 뿌리-줄기-가지로 이어지는 하나의 수목적 질서에서 벗어나 뿌리 이자 줄기인 '리좀' 질서를 표현하고 있다.

3부

구름산 교사들의
'함께 배우는' 이야기

공동육아에서
'가르친다'는 것의 의미

앞서 고백한 바와 같이 나는 (전통적인) '교육'이란 개념에 반신반의하는 사람 중 하나다. 전통적인 교육 개념의 두 요소, 즉 배움과 가르침 중 후자의 불가능성과 실체 없음이 늘 고민되기 때문이다. '가르친다'는 것, 즉 교수(teaching)라는 행위의 본질은 무엇인가? 나는 그 실체를 (아직) 모르겠다. '배움'의 개념은 잘 이해가 되고 그런 현상을 생활 속에서 보는 것은 어렵지 않으나, '가르친다'는 것은 그 개념을 도통 이해하기도 어렵고 실제 세계에서도 본 적이 없는 듯하다. 나는 이에 대해 오랫동안 고민했고, 많은 문헌을 찾아보았지만 뾰족하고 시원하게 의미를 정리한 바를 (아직) 찾지 못했다.[4] 가르친다는 말의 뜻은 분명 '수업한다'('수업한다'는 것은 내게 '어떤 무리들이 집단지성을 통해 무언가를 탐구하는 공간과 시간'을 뜻한다)는 것과 다르고, '강의한다'('강의한다'는 것은 내게 '자신의 사유를 청중들에게 표현하고 고백하는 것'을 뜻한다)는 것과도 다르다. 그런 와중에 일반적으로 '가르친다'는 뜻이 '타인에게 지적인 무언가를

---

[4] 반 마넨의 《가르친다는 것의 의미(The tone of teaching)》가 '가르친다는 일'의 개념으로 내가 찾은 것 중에 가장 의미 있는데, 여기서 '가르친다'는 것은 '한 명의 타자에게 존재적으로 기울이는 가르치는 사람의 어떤 태도'에 가깝다.

아이 함께 키우며 더불어 살아가기

전달해줌으로써 그 타인을 더 나은 길로 이끄는' 것임을 고려해보면 이제 나의 의문은 '과연 그것이 가능한 일인가?' 하는 것에 이른다. 타인에게 지적인 무언가를 '전달'해준다는 것이 과연 가능한가? (혹은 '배우게 할' 수 있는가?) 더욱이, 타인을 더 나은 길로 '이끈다'는 것이 가능한 일인가? 이렇게 해서 나는 가르친다는 행위, 즉 교수의 불가능성을 늘 마음에 품고 산다. 어쩌면 이런 '가르친다'는 일에 대한 나의 회의가 이전 직장을 그만두게 한 중요한 동기 중 하나인지도 모르겠다.

내가 (일반적인 개념에서의) '가르친다'는 일의 불가능성과 함께 그 개념에 대한 일종의 '불신'을 가지고 있는 이유 중 하나는 '가르친다'는 일의 가능성을 너무나 신뢰하고 그 일을 좋아하는 사람들의 공통된 태도 때문이기도 하다. 그런 사람들은 너무나 자주 다른 사람들을 '이끌고', 또 '인도'하고 싶어 한다. 그래서 가르치고자 하는 대상의 잘못을 이야기해주거나 무엇이 틀렸는지, 어떤 것이 정답인지, 또 어떻게 살아야 하는 것인지도 서슴없이 이야기해준다. 이런 사람들은 학문적인 질문뿐 아니라 세상만사에 '정답'이 있다고 생각하며, 자기가 갖고 있는 것이 그 '정답'이라는 자기 확신에 가득 차 있다. 그렇기 때문에 그들은 그 정답의 궤적에서 벗어난 사람을 보면 안타까워 그들을 정답의 바른 길로 인도하고 싶은 마음을 참지 못한다. '벗어난 사람들'을 위한 마음으로 그렇게 하는 것이다. 이런 사람을 가리켜 나는 '선생병'에 걸렸다고 표현한다. 요즘 젊은이들(?)의 언어로 하면 이들은 '꼰대'다. 그런데 주목해볼 점은 이 '가르친다'는 일의 가능성을 너무나 신뢰하는 이 '선생병'은 신기하게도 꼭 자신보다 힘과 권력이 약하거나 지위가 낮은 사람에게 발병하지 위로 향하지는 않는다는 점이다! 그 병은 아래로 아래로 향한다. 그리하여 그 '선생병'이 가장 많이 향하는 곳이 바로 아이들이다. 많은 어른들이(자기와 같은 성인들에게는 선생병을 발휘하지 않는 사람조차) 아이들에게는 서슴없이 가르치려 든다.

한번은 초등 저학년으로 보이는 남자아이들 몇 명, 어떤 여성분 한 명과 엘리베이터를 같이 탔는데, 한 아이가 친구에게 자기에게 있었던 일을 이야기하면서 후렴처럼 쌍욕을 붙였다. 표현 자체는 욕이 분명했으나 문맥상 그리 공격의 냄새가 나지 않는 아이들 간의 일상어로 들렸다. 나는 속으로 '아~ 요즘은 후렴구 같은 일상적 쌍욕이 중딩들만의 언어습관이 아니라 더 나이 어린 아이들도 그렇게 하는가 보다' 하는 생각을 하고 있었다. 그런데 같이 있던 여성분이 너무나 교양 있고 사근사근한 어투로 그 아이에게 말했다. "얘~ 너 친구에게 그런 말 쓰면 안 되지. 그럼 나쁜 사람이야." (내 생각: '세상에나… 맙소사…') "너는 이렇게 얼굴도 잘생기고, 멋지게 생겨서 딱 봐도 착한 사람인데", (내 생각: '왜 남의 외모평?, 쟤가 왜 착해야 되는데?') "친구들에게 고운 말 하는 사람이 돼야지, 그렇지?" (내 생각: '친구들에게 고운 말 쓰면 착한 사람인가?') 엘리베이터가 열리고 내내 "네~네" 하던 아이가 열린 엘리베이터를 보면서 갈등하는 눈을 하는데도, 그 여성분은 (심지어) 엘리베이터 버튼을 붙잡고 아이를 바라보며 계속해서 사근사근한 어투로 '교양 있게(!)' 말했다. "친구야~ 앞으로는 꼭 그렇게 할 거지?" (내 생각: '헐… 쟤가 왜 자기 친구야. 자기가 왜 남의 앞날 행동까지 챙기고 그래.')

불안한 눈으로 "네~네"를 대답하던 아이는 친구들과 함께 내리고 나와 그 여성분은 계속 올라갔다. 올라가는 내내, 그리고 일을 보고 집으로 오는 내내 생각했다. 그 여성분은 왜 그 남자아이의 '잘못'을 서슴지 않고 바로잡으려 드는 것인가? 왜 그 아이를 그토록 가르치려 드는 것인가? 만약 아이가 아니라 어른이었다면, 아니 고등학생만 되었더라도 그분은 과연 그렇게 말했을까? 그런데 왜 어른한테는 하지 않을 말들을 아이한테는 서슴없이 하는 것인가? 왜 아이들한테는 그래도 된다고 생각하는가? 나는 정말 묻고 싶다. 도대체 왜 어른들은 자신과 같은 어른들에게는 하지 않을/해야 할 많은 일들을 아이들에게는 해도/하지 않아도 된다고 생각하는 것인가! 성인들에게는 하지 않을 많은 '가르침'들을 그토록 아이들에게는 (아이들이 물어보지도, 요청하지도, 도와달라고 하지도 않았음에도 불구하고) 서슴없이 주려고 하는가? 그것이 과연 정말 아이들을 위한 것일까? 과연 가르친다는 것은 그렇게 이루어질 일인가? 불안함에 어깨를 움츠리고 "네~네"를 반복했던 아이의 모습이 마음속에서 내내 떠나지 않았다.

이렇게 우리 사회 여기저기 편만해 있는 '선생병'에 넌더리를 내던 차에 구름산에서 만난 우주와 별똥은 내게 신선함을 넘어 시원함과 설렘을 경험하게 해주었다. 구름산의 별똥과 우주, 둘 모두 놀고 있는 아이들 곁을 지키기는 하지만 굳이 놀이에 '참여'하려고 애쓰지 않았다. 놀면서 무언가를 가르치려고 하지 않는 것은 당연하고. 구름산의 교사들은 아이들 간에 다툼이 일어나면 그 즉시 중재하면서, 아이들의 싸움을 말리고 누구의 잘잘못인지를 따져 묻고 서로 사과하게 하고 앞으로 잘 지낼 것을 약속받는 등의 (일반적으로 유치원이나 어린이집 교실에서 흔히 볼 수 있는) 의례들을 하지 않았다. 이들은 다투는 아이들 쪽으로 귀가 쫑긋한 듯이 보였지만, 아이들의 싸움에 끼어들지 않고 그 아이들이 서로 다투고, 울고, 따져 묻고, 자기들끼리 타협점을 찾는 것을 지켜보고 있었다.

구름산의 교사들은 아이들의 놀이를 판단하지 않았다. 구름산 아이들에게는 교실에서 책상을 쌓아 미끄럼틀을 만드는 것은 물론, 책으로 성을 쌓고, 옷가지를 이어 줄다리기를 만드는 것이 금기가 아니었다. 몸싸움

놀이, 총싸움놀이, 전쟁놀이… 모든 것이 가능했다. 구름산의 교사들은 아이들의 놀이가 (윤리적으로 옳은) 무엇을 향해 가거나 (발달적으로 도움이 될 만한) 어떤 것을 위한 것이라고 여기지 않았다. 이들은 아이들을 이끈다는 뜻에서의 '가르칠' 생각이 전혀 없어 보였다. '이끈다'는 것은 앞서 이야기한 것처럼 자신이 이끌어야 할 대상보다 무엇인가가 우월하다고 여길 때 벌어지는 사건이다. 그러나 구름산의 교사들은 자신들이 어른이기 때문에 아이들보다 무엇인가 더, 그것이 체력이든, 판단력이든, 지적 능력이든, 심지어 유머러스함이든 간에 무엇인가 더 '성숙'하거나 '우월'하다고 여기지 않았다. 이들의 이러한 생각은 1부 끝에서 다룬 별똥의 이야기에서 잘 드러난다. 다시 한번 되새겨보자.

우리가 아이들에게 줄 수 있는 게, 어떤 대단한 확고한 신념에 대한 뭐를 심어주기 위해 있는 게 아니라 함께 생활하는 데 있어서 자연스럽게 자기 삶을 찾아가기 위한 조력자인 사람들이잖아요? 조력자인 사람들이 대단한 뭔가를 갖고 있으면 그것도 좀 그렇잖아요? '엄마 아빠가 너무 대단하면 자식들이 바보가 된다'라는 그런 말 있잖아요? 우리가 애들을 대할 때 그야말로, '선생님'이어서 앞에서 끌어주고, '삶은 이런 거란다, 예의는 이런 거란다, 밥을 먹을 때는 이렇게 해야 한단다, 이런 게 아니라 그냥… 같이 있는 데서 뭔가 거슬리면 그냥 "그렇지만~" 그 정도는 할 수 있지만 뭔가를 끌 듯이 하는 것은 우리가 별로 바람직하지 않다고 생각하는데, 그렇다면 우리가 뭐 공통의 철학 같은 게 필요하겠어요? 왜냐하면 아이들이 다 다른데, 공통의 철학이 있으면, 사실 우리가 모르는 어마어마하게 새로운 아이들, 완전 생각지도 못한 성향의

아이 함께 키우며 더불어 살아가기

구름산 아이들의 자유로운 표정

아이가 있으면 우리가 대단하게 밀고 가고 있었던 그 철학이 아닐 수도 있잖아요? 엄마 철학 있으면, 아빠 철학도 있고 그런 것처럼… (별똥)

그렇다면, 구름산의 어른들에게 '가르친다'는 것은 어떤 의미일까? 과연 이 구름산에는 가르친다는 개념 자체가 있기는 한 것일까? 있다면 구름산에서 가르친다는 일은 어떤 사건, 어떤 의미와 같은가?

캐나다 북부에 거주하는 헤어인디언을 오랫동안 연구한 문화인류학자 하라 히로코의 책《어린이의 문화인류학(子どもの文化人類学)》에 보면 헤어인디언 아이들의 배움에 관한 몇몇 장면이 자세히 기술되어 있다. 연구자는 자신이 눈신발을 신고 걷는 법을 익히는 과정을 자세히 묘사하는데, 이 장면은 (교육과) 배움의 원초적 과정을 강렬하게 보여준다. 연구자는 곧 닥칠

겨울의 캠프 이동에서 헤어인디언들의 대열에 뒤처지지 않기 위해 눈신발을 자유자재로 신고 다니기를 간절히 바랐다. 그래서 연구자는 헤어인디언들이 눈신발을 신고 걷는 것을 절실한 마음으로 "눈을 크게 부릅뜨고" 자세히 관찰하기 시작한다. 배움의 원초적 동력이자 첫 시작은 이와 같이 어떤 문제를 향한 간절한 마음과 관찰이다. 이를 통해 우리는 자신이 해결하고자 하는 문제에서 답을 찾고 또 찾는(re-search)다. 헤어인디언 사회에서는 이 같은 '보는 능력'이 매우 중요하게 여겨진다고 한다. 우리가 어떤 것을 배우기 위해 간절한 마음을 담아 보는 것, 즉 눈을 부릅뜨는 관찰은 학습을 추동시키는 강력한 힘이다. 우리는 이렇게 눈을 크게 부릅뜸을 통해 새로운 것을 발견한다. 저자는 헤어인디언들의 발놀림을 관찰함으로써 눈신발 신고 걷는 법을 발견하게 되었다.

눈을 부릅뜬 관찰을 통해 방법을 발견하게 되면 그다음은 시도와 실패가 반복된다. 저자는 눈신발을 신고 여러 번 넘어졌다가 다시 일어난다. 실제로 헤어인디언의 아이들은 지치지 않고 여러 번의 시도, 실패, 재시도를 통해 능숙한 사냥 솜씨를 닦고 나무를 조각해 장난감 만드는 법을 익힌다. 저자는 이러한 장면에서 헤어인디언들은 평소 "다시 만들 수 있다는 사치스러움을 그리고 진짜를 만들겠다는 사치스러움"(p. 73)을 맛보고 있다고 기술한다. 이 얼마나 적절하고도 멋진 표현인가! 우리는 이렇게 실패하고, 여러 번 해볼 수 있는 '사치스러움'의 기회가 충분할 때 잘 배울 수 있다. 이러한 사치스러움을 여러 번 경험하며 결국 "내가 익혔다(배웠다)고 가슴을 펴고 말하게" 되는 것이다.

연구자가 눈신발 신는 법을 배우는 이 장면과 함께 아직도 기억나는 또 하나의 장면은 연구자가 색종이 접기를 하는 것을 헤어인디언 아이들이 따라 접으며 배우는 장면이다. 특징적인 것은 그 모두에서 헤어인들(어른이든 아이든)은 '눈을 부릅뜨고' 배우고 있는 사람을(어른이든 아이든) 도와주려 하거나 '가르치려고' 하는 사람이 없었다는 점이다. 헤어인디언들의 문화 속에는 가르치는 활동이 존재하지 않았던 것이다! 저자에 의하면, 헤어인디언에게는 '교육(education)'과 '교수(teaching)'에 해당하는 단어가 아예 없다. 이것은 한 인간이(그가 나이가 많고 식견이 뛰어나다고 해도) 다른 누군가(그가 나이가 어리거나 식견이 모자라다고 해도)에게 무언가를 가르치거나 이끌 수 없다는 그들의 사유를 드러낸다. 이렇게 '가르친다'는 개념 자체가 없으니, '교육'이라는 개념도 성립하지 않는 셈이다.

구름산에서도 헤어인디언들과 비슷한 생각들을 엿볼 수 있다. 앞서 언급했듯이 구름산공동육아조합이 시작된 때부터 지금까지 함께해온 교육 교사 별똥은 자신들이 누군가에게 "이게 인생(정답)임"을 이야기하지 않으며 누군가를 "이끄는" 존재라고 생각하지 않는다고 하였다. 우주 또한 마찬가지다. 우주는 자신들이 "인사를 하라고 가르치지는(이끌지는) 않지만" 아이들의 삶에 자연스럽게 "쌓여갈 수 있도록" 자신이 먼저 그렇게 보인다고 하였다.

> (아이들이) 인사를 하고, 안 하는 그거 자체는 그렇게 중요한 거 같진 않아요. 물론 사회 흐름이라는 게 있잖아요. 역사적으로 흘러갈 때 예의범절이 중요했던 시절도 있었고, 아닌 시절도 있었고… 그건 시대의 흐름이 흘러가면서 바뀌겠죠. 근데 우리는 아이들이 교사들한테 깍듯하게 인사하는 법을 가르치지는 않지만, 마을 나들이 가면 "애들아, 인사해. (동네) 할아버지한테 인사해야지." 이러면 애들이 "안녕하세요!"

인사하고 그러거든요? 제가 학교에서 인사를 안 가르치는 건 아니에요. 그렇지만 이런 거죠. 교사가 스스로 어른들을 공경하면 이 아이들은 '아 어른들에게는 공경을 해야 되는구나' 이런 생각이 시간이 흐르면서 쌓여가는 거예요. '아, 어른에게는, 좋은 어른에게는 인사를 해야 되는구나', 이런 거를 아주 소금 양념 치듯이 인생의 걔가 살아가는 과정 중에 소금을 치듯이 그렇게 맛깔나게 쌓일 거라고 생각하거든요? 그런데 만약 우리가 처음부터 국을 끓일 때 소금을 들입다 왕창 넣어놓고, 그다음에 나머지를 넣으면 '원래부터 국은 소금 맛이구나' 하고 생각하겠죠. 하지만 원래 된장찌개는 된장이 기본이거든요. 사람 자신의 감성이 기본인 것처럼. 거기에 소금이랑 후추랑 이런 게 들어가는 거죠. 된장을 넣기 전에 다른 걸 먼저 넣어버리면 넣고 나서 맛을 보면 무슨 국 끓이려고 하는 거지? 이런 생각이 들 거예요. 이 예가 맞는지는 모르겠지만 어쨌든 저는 그런 거라는 생각이 들어요. 그래서 물론 우리가 아이들한테 배꼽 인사를 시키진 않지만 어른에 대한 공경이 아이들한테 거의 일주일에 한두 번씩은 보여지거든요. 여기 (터전) 마당에서 놀 때도 할아버지, 할머니들 지나가시면 저희가 먼저 인사를 해요. 그리고 아이들한테 인사하라고 해요. 아이들한테 먼저 인사하라고 소리하지 않아요. 제가 먼저 "안녕하세요?" 인사하고 "얘들아. 인사해야지~" 이렇게 하거든요. 난 그게 맞을 거 같아요. 그런 순서가 돼야 되는 거고, 요리할 때도 순서가 있는 거처럼. 그래야 완벽한 요리가 되지. 저는 아이들도 그렇게 자랄 거 같아요. (우주)

지난 몇 년 동안 교육계에서 인기 있는 주제였던 '인성교육'과 관련해서, 아이들에게 인사를 가르치는 것에 대한 의견을 물었을 때 우주는 아이들이 인사를 하고 안 하고 그 자체가 중요한 것이 아니라 그 마음속에 공경의 마음('좋은 어른'을 향한)이 쌓여나갈 수 있는 맛깔나는 경험을 지속하는 것이라고 했다. 그래야 아이들 각자가 소금이 아니라 맛깔스레 적당히 친 소금을 통해 드러나는 자신의 맛(자신의 기본적인 감성)대로 자라나간다는 것이다. 그러기 위해 우주는 아이들에게 인사를 하라고 '가르치지'는 않지만 자신이 먼저 인사를 하고(보여주고) 아이들에게 이야기해준다. 요리할 때 순서가 있는 것처럼 그게 (배우는/가르치는) '순서'라는 것이다.

이러한 구름산의 가르치기(이는 전통적인 의미의 교수와는 사뭇 다른 개념을 지칭하므로 '가르치기'라고 불러야 할지 모르겠다. 일단은 우주에게 아이디어를 얻어 '보여주기'로 지칭하기로 한다)는 학교에서 정해진 교육과정을 통해 지식을 전수하고 정답을 연습/재인하는 방식과는 매우 다르다. 구름산의 이 '보여주기'는 마치 가정에서 아이들이 부모들, 그리고 의미 있는 타인과 물건들 속에 뒤얽혀 자연스럽게 일어나는 배움의 모습과 닮았다. 가정에서의 배움에는 일정한 단계나 과정이 설정되어 있지 않다(간혹 가정에서도 학교의 방식으로 과정을 고정시켜놓는 부모도 있겠지만!). 배워야 할 내용도 정해져 있지 않다. 아이의 호기심과 그 순간 만나는 공간과 물질들에 따라 서로 다른 배움이 생성된다. 이러한 배움의 생성은 시공간을 넘나들며 이어진다. 아이들은 집의 거실에서 동네 놀이터에서, 산책길에서, 할머니 집의 앞마당에서, 그렇게 세상에 직접 참여함으로 배운다. 이렇게 가정과 학교 외부에서 아이들에게 일어나는 배움은 쿠레레의 원래적 의미, "배움의 여정으로서의 교육과정"의 뜻을 잘 드러낸다.

학교의 세계에 진입한 아이들은 정해진 교육과정에 따라 학습한다. 특히나 우리 사회에서 학교의 교육과정은 배움의 방법이나 태도에 초점을 두기보다 학습 내용인 지식을 중심으로 조직되어 있다. 아이들이 어떠한 태도로 세계를 탐구하며 자신들의 사고를 단련하는지, 아이들이 주위의 사람/사물들과 어떻게 관계 맺는지에 초점을 두기보다 아이들에게 어떤 지식을 전수해야 하는지에 초점을 둔 것이다. 교육과정이 사고 방법이 아니라 지식 내용을 중심으로 조직되었다는 바로 이 점이 우리의 학교를 '학교처럼' 만드는 중요한 정체성이다. 지식 내용을 중심으로 한 교육과정은 학교를 배우는 공간이 아니라 가르치는 곳이 되게 한다. 지식 중심의 교육과정은 교사들에게 아이들이 어떻게 배우는지, 아이들이 어떻게 사고하고 느끼는지를 살피기보다 무엇을 가르쳐야 하는지를 우선하게 한다. 그러나 배움과 가르침이라는 교육의 두 요소에서 보다 근원적인 것은 가르침이 아니라 오히려 배움이다(전가일 2014). 가르치는 사람이 없어도 인간은 배울

구름산자연학교 전경

아이 함께 키우며 더불어 살아가기

수 있지만, 배우는 사람이 없으면 가르치는 사람은 아무것도 아니다. 따라서 교실과 수업의 주인공은 사실 배우고 있는 한 명 한 명의 바로 그 아이이다. 바로 그 한 명의 아이가 '배움의 기쁨'을 경험할 때에야 진정한 배움과 교육이 생기한다. 그러나 지식 내용 중심의 교육과정은 배움의 주인공인 '한 아이'의 독특성을 감추어버리고 아이들을 학습자 일반으로 만들어버린다.

또한 지식 내용 중심의 교육과정에서는 학습해야 할 지식이 명확하고 분명하게 정해져 있기에 이러한 공부에서는 언제나 '정답'이 있다. 이미 정답이 결정되어 있다는 것은 다른 답에 대한 근원적인 가능성을 차단하므로 질문이나 탐구의 여지를 약화시킨다. 평가 방식 또한 아이들이 얼마나 많은 양의 지식 정보를 정확하게 재인하는지에 맞추어져 있다. 이러한 교육과정하에서는 바른 지식(정보)의 정답을 내지 못하는 것은 '무지'이며 이런 이유로 학교에서 무지는 책망받을 일이 된다. 배움의 공간은 자신의 모름과 무지를 거침없이 드러냄으로써 호기심을 갖고 세계를 탐구해야 할 장이라는 점을 생각해보자면, 무지를 가장 많이 책망하는 곳이 바로 학교라는 것은 얼마나 큰 아이러니인가! 게다가 세계를 탐구하고 무언가를 발견함으로써 '배움의 기쁨'을 경험해야 하는 배움의 공간인 학교가 아이들을 배우기 싫어하는 존재[3]들로 만들어가고 있으니 이 얼마나 큰 역설인가!

....

3) 개토(Gatto, 2005)는 학교가 하고 있는 중대한 거짓말 중 하나가 '아이들은 배우기 싫어한다'고 하는 신념이라고 지적했다. 아이들이 배우기 싫어하는 것이 아니라 학교라는 제도적 공간과 시스템이 아이들을 무기력하게 만든다는 것이다. 실제로 나는 영아, 유아들과 함께한 오랜 현장 경험을 통해 모든 아이가 과학자적인 태도와 호기심을 타고난다는 것을 거듭 확인했다. 모든 영아는 어른들이 상상할 수 없는 강밀도의 호기심으로 세계를 탐구한다. 나는 이제까지 '똑똑하지' 않은 아가들을 거의 본 적이 없다. 이런 맥락에서 개토(Gatto, 2005)는 "천재성이라는 것은 지극히 보편적인 인간의 성질로서 우리들 대부분이 타고나는 것"이라고 말하기도 했다.

이런 와중에 구름산에서 교사들이 하고 있는 '보여주기'는 배움의 주인공으로서 한 아이 한 아이의 독특성(그 아이가 가진 고유의 맛)을 전제하고, 아이들에게 답이라고 생각되는 것을 제시하거나(이끌거나) 재인하게 하지 않고(시연하게 하지 않고), 옆에 같이 있는 존재로서 자신의 것을 보여줌으로써 아이들 스스로 그것을 소화하고 쌓아나감으로써 자신의 맛을 발할 수 있기를 기대한다. 이와 같은 구름산의 '보여주기'는 쿠레레가 가진 '배움의 여정'으로서의 교육과 학습의 가능성을 보여준다.

아이 함께 키우며 더불어 살아가기

공동육아에서
아이 낯설게 보기

　나는 아동학을 공부하는 연구자로, 교육 현장에서 어린이집 교사와 원장으로 일하며, 또 엄마와 '옆집 아줌마'로 살아오면서 우리 사회에서 성인들이 학문적, 인습적으로 아이들에게 가지는 몇 가지 강력한 선험적 전제(선입견 혹은 편견과 착각)가 있다고 생각한다. 여러 가지가 있겠지만, 그중 우리 사회에 강력한 영향을 미치는 아이들에 대한 사회적 '착각'('선험적 전제'라는 용어는 철학적인 데다가 중립적 뉘앙스도 있다고 생각되어, 나는 여기서 다소 강한 어감의, 그러나 더 정확한 일상적 용어인 '착각'이라는 단어를 사용하고자 한다)은 다음과 같다. 세 가지 착각은 서로가 서로를 보완하며 뒷받침함으로써 이러한 착각이 더욱 견고해지도록 작동해왔다.

　첫째, '우리 어른들은(부모, 교사) 아이들에 대해 잘 알고 있다'는 착각이다. 대부분의 성인들이 아동기를 자신이 지나온 생의 어느 한 지점으로 여기고 자신들이 아이들에 대해 익히 잘 안다고 생각한다. 이런 생각으로 성인들은 '잘 모르는' 지나가는 아이에게도 '충고'하는 것을 서슴지 않는다. 우리가 아이들에 대해 많은 것을 알고 있다는 이 착각/교만은 학문적, 이론적 영역에서는 더욱 극성이다. 발달심리학은 지난 70여 년간 아이들의 연령별 특징에 대한 온갖 지식들을 신체적, 인지적, 사회적, 정서적 영역별로 꼼꼼하고 세심하게 구축해놓았다. 아이들의 특징을 실체적으로 파악할 수 있다는 이러한 관점은 아이들을 우리가 관찰 가능하고 측정 가능한 대상이라고 여기는 '근대적 시선' 때문이다. 이러한 근대적 시선에서 아이들은 '객체화된 타자'가 되며, 여기서 '보편적인 아동' 개념을 만들어냈다. 보편 아동, 즉 연령별로 '정상적 특징'을 가진 보편적인 아동의 상을 상정하는 이 개념은 모든 인간에게 보편적으로 적용될 수 있는 진리를 찾을 수 있다는 근대의 실증주의적 과학에 대한 믿음을 전제로 한 것이다. 이렇게 아이들과 관련된 '전공 영역'에서 일하는 수많은 어른들이 지난 수십 년간 구축해놓은 발달이론에 관한 지식이 충분하다고 여기면서, 우리가 만나는 '한 아이'를 당연히 알고(파악 가능하다고) 있다고 여긴다. 나는 학계와 현장에서 이러한 사례를 수도 없이 접했는데, 그래서 내가 전공 영역에서 새로운 사람을 만났을 때 가장 듣기 싫어하는, 그러나 자주 듣는 말 중의 하나가 바로 이것이다. "저는 유아교육만 25년째입니다. 유아교육밖에 몰라요." 그런 말을 하는 사람들의 음성엔 대부분 교양미가 넘쳐흐르지만, 이 얼마나 걱정스러운 말인가! '이것밖에' 모르니 정말 무서운 사람들이다.

둘째는 '우리 어른들은 아이들에게 무엇이 필요한지(무엇이 좋고, 무엇이 나쁜지) 알고 있다'는 착각이다. 지난 수년간 축적한 발달심리학적 지식은 결과적으로 '아이들에게 적합한(적절한) 실제'가 무엇인지 제시한다. 각각의 연령에 꼭 맞는 배울 거리, 할 거리, 경험할 거리 들이 있다는 것이다. 그래서 이것을 세세하게 잘 알고 '발달에 적합한 실제/환경'을 제공하고 조성해주는 것이 바로 전공자, 전문가들의 역할이 된다. 이 때문에 만 1세반 교실에서 아이들이 종이컵에 실을 연결해 놀이하는 모습을 본 '전문가'는 그 교실의 교사들이 아이들에게 '발달에 부적절한 활동'을 제시했다고 서슴없이 말한다('가상의 거리'가 너무 멀기 때문에, 전조작기인 만 1~2세 영아들은 종이컵에 실을 연결하여 전화기놀이를 하는 그 가상성을 이해하지 못할 거라는 전제). 그러나 그 반의 10명의 아이 중 종이컵을 전화기로 가상하는 아이가 단 한 명도 없다고 정말로 단정할 수 있는가? 그리고 무엇보다 꼭 종이컵을 전화기로 '가상'하지 않더라도(그런 교사의 활동 목표와 달리), 아이들이 종이컵에 실을 매달고 실의 그 뒤얽힘을 보며 흥분하는 것은 부적절한/그 연령에 맞지 않는/가치가 없는 것인가? 이렇게 아이들에게 무엇이 적절(적합)한지, 필요한지, 더 좋은지 아는 것이 아이가 아니라 아이를 양육하고 가르치는 성인(부모와 교사)이라고 생각하는 이러한 발상은 성인의 완숙함과 아이의 미숙함을 전제로 하는 발달의 뿌리 깊은 위계성에서 출발한 것이다.

셋째는, '우리 어른들이 아이들에게 필요한 것(좋은 것)을 줄 수 있다'는 착각이다. 이 착각은 당연히도 위의 첫째와 둘째의 착각에 기인한다. 수십 년간 축적한 발달적 지식이 충분하고 그래서 아이들에게 무엇이 '적절한지' 잘 알고 있으니 우리는 당연히 아이들에게 적합하고 필요하고 좋은 것을 줄 수 있으리라는 믿음이다. 이런 믿음으로 아이들과 만나는 수많은 어른들이 오늘도 아이들을 '이끌고', '방향을 이야기해주고', '이렇게 하라'고 혹은 '하지 말라'고 서슴없이 이야기한다. 아이들에게 좋은 것을 줄 수 있다고 착각한 나머지 수많은 유아교실에서 놀고 있는 아이들에게 교사들은 오늘도 그런 (그런 쓸데없는!) 질문을 하는 것이다. "이건 모두 몇 개니?/무슨 색이니?" (제발 놀이하는 아이에게 뭔가를 가르치려는 그 강박을 버리길… 이 놀이에서 무엇이 필요한지, 어떻게 놀아야 하는지 가장 잘 아는 사람은 바로 놀고 있는 그 아이다!)

　이렇게 우리 어른들이 아이들에게 필요한/적절한/좋은 것을 줄 수 있다고 생각하는 이 착각은 한편으로는 '나약하고 의존적인 유아'라는 개념을 만들어내고, 다른 한편으로는 그런 유아들을 온전히 다 책임지고 이끌어야 하는 부담을 진 존재로의 '부모'/'교사' 개념을 만들어낸다. 아이들을 이렇게 나약하고 의존적인 존재로 여기니, 우리가 아이들을 배움의 주인공으로서, 자기 삶의 중요한 결정에 자신의 목소리를 낼 수 있는 삶의 주체로 여기는 것이 얼마나 어렵겠는가? 우리 자신을 이렇게 아이들을 이끌고 온전히 그리고 일일이 책임져야 하는 존재로 여기니, 아이를 양육하고 아

터전 앞에 앉은 구름산 아이들

　　　　　　　　　　　아이 함께 키우며 더불어 살아가기

이와 함께 배우는(가르치는) 것이 얼마나 부담스럽고 힘든 일이겠는가? (여기서 우리는 헤어인디언의 지혜를 다시 기억할 필요가 있다. 헤어인디언은 아이들을 다 저마다 하늘로부터 저만의 재주/능력을 받고 태어난 독립적인 존재로 여기기 때문에 아이를 '양육'하는 것을 부모의 온전한 부담으로 여기지 않는다고 한다. 자기들은 아이를 잠시 맡는 역할을 하는 것으로 여긴다고 한다.) 이 세 번째 착각이 아이와 우리 모두를 불행하게 하고 있다.

구름산에서 만난 우주와 별똥은 이 불행에서 벗어나 있는 사람들로 보였다. 이미 여러 번 기술한 바와 같이 별똥은 자신이 구름산 공동육아의 교사로 처음부터 지금까지 무려 17년을 함께한 이유 중 하나로 누군가 특출하게 잘난 사람이 없는, 그래서 누군가 대장으로 옳은 무엇인가를 보여주는 것 없는, 어른 조합원들에게만 아니라, 아이들에게도 더 나은 것이 무엇인지를 보여주거나 '이끌거나' 하는 것이 없는 구름산자연학교의 리좀적 관계를 꼽았다. 이는 우주도 너무나 마찬가지다. 한번은 우주가 자신은 방학의 끝 무렵이 되면 아이들이 얼마나 그립고 보고 싶은지, 터전 마당에서 아이들이 놀고 있는 환청이 다 들릴 지경이라고 말한 적이 있다. 우주는 아이들과의 삶을 진정으로 즐기고 있었다. 아이들과의 삶을 즐길 수 있을 만큼 부담이 되지 않는 이유는 우주가 자기 스스로를 아이들의 모든 것을 이끌고, 방향을 설정해주고, 책임지는 어른이 아니라 아이들 곁을 지키는 든든한 친구로 여겼기 때문이 아닐까? 면담 내내 우주는 아이의 '고유함'을 매우 여러 번 거론하면서 그 고유함(감정, 그 아이됨, 그 아이의 감성, 재주, 성향 등등)을 지켜주는 것이 얼마나 중요한지 계속 이야기했다. 우리가 흔히 어른들은 존중해주면서 아이들에 대해서는 간과하는 그 사람됨 말이다. 그렇기에 우주는 지금 이 순간 어떤 부분이 마음에 들지 않는다고 아이들에게 '하지 마라', '하라'고 말하고 싶지는 않다고, 즉 자신이 가진 가치와 옳음으로 아이를 이끌고 싶지는 않다고 말한다. 그 가치와 옳음이 또 어떤 다른 방향으로 흘러갈지도 모를 일이기 때문이다.

어쨌든 사람이라고 하는 건, 아이들도 마찬가지고 다 개인이잖아요. 아무리 아이여도 그 아이의 고유한 감성이라는 게 있거든요. 그 개인의 감성을 무시할 순 없죠. 그러니까 사실은 되게 독립적인 한 인간으로 봐야 되거든요, 애들도. 아이라고 해도. 물론 이게 군대라면은 그럴 수 있어요. 그치만 사회는 군대가 아니기 때문에 사회를 살아가는 사람과 관계를 하면서 살아가는 이런 공간에서 어떤 부분들이 마음에 들진 않는다고 (애들한테) '하지 마라', '해라' 그러고 싶지 않아요. 또 그 흐름이 어떤 방향으로 흘러갈 수 있을지도 모르니까. (우주)

그렇다면 우리는 어떻게 아이들에 대한 우리 어른들의 착각(우리가 아이들을 잘 알고 있으며, 그래서 아이들에게 필요한/적합한/좋은 것이 무엇인지 잘 알고 있고, 심지어는 그것을 아이들에게 줄 수 있다는)을 멈출 수 있을까? 어떻게 하면 우리는 아이들을, 그리고 아이들 삶의 진실을 보다 가까이서 이해할 수 있을까?

아동학에서 생태학이론의 거장인 브론펜브레너는 이에 대해 매우 중요한 통찰을 던졌다. 아이들을 위해서(위한다고 생각해서) 성인들이 만들어온 이 세상은 많은 부분이 잘못되었고, 이제 이 세상을 자세히(있는 그대로) 살펴보아야만 아이들이 어떤 어려움에 처했는지, 그리고 우리가 잘못한 그 결과가 무엇인지 확인할 것이라고 말이다. 그리고 그 시작점은 바로 "아이들이 있는 곳"이라고 역설했다. 우리가 아이들을 위해 무언가를 하려면, 해야 한다면 그 시작점은 바로 아이들이 있는 곳, 아이들로부터, 아이들의

아이 함께 키우며 더불어 살아가기

시선으로부터 출발해야 한다는 것이다. 브론펜브레너가 이 말을 한 것은 1970년이다!

브론펜브레너는 이렇게 말한다.

"아이들이 있는 곳이 바로 출발점이다. 우리 성인들이 아동을 위해 만들어온 세상은 많은 부분 잘못되어 있다. 아이들이 살고 있는 이 세상을 자세히 살펴보아야만 아이들이 처한 곤경의 다급함과 우리 행동의 결과를 확인할 수 있게 된다. 아마도 그런 다음에야 어린아이가 스스로를 이끄는 세상이 올 것이다." (Bronfenbrenner, 1970)

브론펜브레너의 통찰처럼 우리가 가진 착각을 멈추고 아이들의 삶의 진실에 보다 가까이 다가서기 위한 방법은 우리의 시선을 아이들에게로 돌리는 것이다. 그리고 우리가 안다고 여기는 온갖 지식과 이론들을 내려놓고 아이들을 새롭게 보려는 것, 즉 아이들을 낯설게 보는 것이다. 우리가 이미 지나온 시절을, 우리가 매일 함께하며 바라보는 아이를, 그리고 우리가 엄청나게(!) 많은 공부와 현장 경험을 가진 전문가로서 아이를 낯설게 본다는 것은 결코 쉽지 않은 일이다. 그것은 우리에게 아이들이 우리와 같은 온전한 한 인간이라는 당연한 진실에 대한 새삼스러운 깨달음과 아이들을 향해 우리의 몸을 낮추는 존재의 지향성과 우리가 가진 지식과 경험들은 언제든 틀릴 수 있는 '하찮은' 것이라는 겸손이 필요한 일이다. 아이들을 낯설게 보는 이 도전적인 일은 아이들과 함께 살아가는 부모와 교사라는 어른들에게, 아이들과 그 삶을 연구하는 어른들에게 매우 중요한 책무이다.

가끔, 부모교육을 위해 엄마들을 만날 때면 그런 질문을 받는다. "아이가 그런 재능을 가졌는지 어떻게 발견할 수 있나요?", "우리 아이가 뭘 좋아하는지 어떻게 알 수 있나요?" 그 답은 의외로 간단할지 모른다. 난 그런 질문을 하는 엄마들에게 종종 이렇게 답했다. "내 아이를 낯선 아이라고 생각하세요. 그 아이에 대해 내가 아는 것이 아무것도 없다고 생각하고 정말 간절히 알고 싶고 이해하고 싶은 마음으로 아이를 관찰해보세요." 우리가 아이에 대한 무언가를 발견하고, 알고, 진정으로 이해하고 싶다면 그 출발은 아이를 그렇게 낯설게 보는 것으로부터 시작할 수 있다. 나는 아이들을 키우는 엄마로서, 아이들을 연구하는 연구자로서 이것을 뼈저리게 매우 자주 체험했다. 내가 아이에 대해 안다고 생각하면서 나의 어떤 것을 가지고 아이를 대할 때, 아이는 쉽게 마음이 상하고 닫혀서 우리의 대화는 망가지고 결국은 나의 꾸중과 그에 대한 아이의 의례적인(영혼이 하나도 담기지 않은) 순종의 대답과 약속으로 끝이 나기 마련이다. 우리가 어떤 것을 이미 안다고 생각하고 모종의 가설을 가지고 연구를 시작한다면, 아이들의 놀이나 관계 맺기, 배움의 과정에서 새로운 발견을 결코 하지 못한다. 기껏해야 기존에 내가 알던 것을 보기 좋게 재생할 뿐인 그런 연구가 된다.

부모와 연구자에게만 아니라 아이들과 함께 살고 함께 배우는 교사들에게도 '아이 낯설게 보기'는 매우 중요하고도 어려운 도전이다. 특히나 스스로 발달이론이라는 '전문 지식'을 많이 갖추고 있으며, 그런 전문가로서 아이들을 '가르치고' '이끌' 책임을 지는 것이 교사의 역할이라는 생각을 뼛속 깊이 익힌 유아교사들에게 아이들을 낯설게 본다는 것은 여간 도전적인 일이 아니다. 이런 맥락에서 구름산의 교사 별똥은 우리에게 '아이를 낯설게 보는 교사'의 모습이 무엇인지 실제적으로 보여준다.

별똥은 지난 17년간 구름산자연학교에서 교사로 일하면서 "단 하루도 어제와 같은 오늘을 산다는, 같은 일을 한다는 느낌을 가져본 적이 없

아이 함께 키우며 더불어 살아가기

터전 뒤뜰에서 노는 구름산 아이들

다"고 했다. 자신이 매일 반복하는 삶의 일상에 대한 별똥의 이러한 자세
는 아이들에게도 마찬가지이다. 별똥은 아이들이 다 다르게, 답이 정해져
있지 않게, "매일매일 다 다르게" 살고 있다고 여긴다. 그러니 아무리 교사
라고 해도 그러한 아이를 온전히 다 알고 파악한다는 것은 불가능하다. 오
히려 별똥은 아이를 보며 "(어제는) 저 아이가 이런 아이다, 라고 생각했는데
오늘 보니 또 이런 아이"라는 것을 깨닫게 된다고 했다. 이렇게 아이를 매
일매일 새롭게 알아가니, 어른이라 할지라도 교사가 그 아이에게 어떤 답
을 제시하며 이끈다는 것은 불가능한 일이 된다. 이러한 별똥의 '아이 낯설
게 보기'는 아이를 규정된 '답'으로 이끌거나 판단하지 않음으로써, 아이들
존재의 역동성이 드러날 수 있도록 하고, 아이들의 잠재성이 현실화할 수
있는 장을 열어준다. 이렇게 해서, 아이들을 낯설게 보는 교사와 자신들의
잠재성을 현실화하며 매일매일 다른 존재의 독특함을 드러내는 아이들이
함께 모인 구름산은 "개개인들이 다 그대로 살 수 있는" 공간이 된다.

> 아이들과 함께 이렇게 살아가는, 우리가 어른들의 삶을 기준으로, 어
> 른들의 어떤 것을 중심으로, 어른들의 생활에 필요한 어떤 것을 생산
> 하는 일이라면 좀 다를 수 있는데 우리는 아이들과 관련된, 그래서 아
> 이들의 삶과 얽혀서 같이 살고 있는 사람들이잖아요? 그런데 아이들
> 이 답이 없게(답이 정해져 있지 않게) 살고 있잖아요? 매일매일 다르잖아
> 요? 저 아이가 이런 아이라고 생각했는데 오늘 보니 또 이런 아이인데,
> 그런 거죠. 또 아이들처럼 부모님들도 그런 거예요. 다 개별적으로 만
> 나가야 하는… 교사들 역시도 이렇게 보면, 누군가가 결정권자가 있어
> 서 하면 어떤 때 그게 어떤 아이들에게는 맞지 않을 때가 분명히 있거

아이 함께 키우며 더불어 살아가기

든요. 어떤 지점에서는 우주가 낸 의견이 그 아이에게는 더 낫겠다, 이런 것도 있지만 또 다른 지점에서는 다를 수 있으니까… 사실은 어른들은 그 시간을 다 보내고 어른이 됐지만 아이들 다시 이렇게 키울 때는 어른들이 아이의 속도를 못 따라가기도 하잖아요. 교사나 부모님들이 아이의 속도를 못 따라가기도 하거든요. 어떻게 보면, 그 속도가 어쩌면 지금 어른들이 다른 어떠한 기준이 있기 때문에 그런 거 아닌가, 그래서 원래대로 (인간의) 원래대로 타고난 그것대로 지내려면 그래야 되지 않을까, 아이들 세계처럼… 효율적인 어른들의 세계를 따로 만들려면 그럴 수도 있는데, 우리는 그러려고 하는 게 아니니까…. (별똥)

공동육아에서
교사의 역할과 존재 의미

　이전에 전임으로 일하던 대학에서 유아교사론 수업을 맡은 적이 있다. 이 수업에서는 본인이 왜 유아교육과에 왔는지 성찰하는 것을 시작으로, 본인의 생애에서 가장 좋았던/고마웠던 선생님은 누구였으며 왜 좋았는지에 대해서 이야기하고 환경 구성부터 교육 활동까지 교사의 역할을 살펴본 후 마지막으로 좋은 교사란 과연 어떤 교사인지에 대해 생각해보는 주제들을 다루었다.

　내가 기대한 수업의 백미는 기말 리포트였는데, 리포트의 주제는 한 학기 동안 탐구한 '좋은 교사란 어떤 교사인가?'에 대한 답을 정리해서 발표하는 것이었다. 나는 사전에 "교과서 등 이론에서 다룬 내용과 수업 중에 토론한 내용들, 그리고 중간 과제('아이들의 눈에는 어떤 선생님이 좋은 선생님일까?'에 대해 아이들을 인터뷰하고 제출하라는 과제를 내주었다) 등을 기초로 자신들의 답을 몇 가지로 정리해서 발표하라"고 이야기했다. 나는 '학생들이 어쩌면 내가 생각지도 못한 의외의 답을 찾아와서 내게 자극을 줄지도 모른다. 내 연구심에 불을 지필지도 모른다'라고 기대하면서 기말 보고서 발표를 설레는 마음으로 기다렸다. 학생들의 기말 발표에 대한 이런 나의 기대는 너무나 충족되었다. 적어도 '내가 생각지도 못한 의외의 답'이라는 면에서. '좋은 교사란 어떤 교사인가?'에 대한 학생들의 발표에서 각 클래스마다 가장 많이 나온 답은 바로… '교사다운 복장과 예의를 갖춘 교사'였다. 이 얼마나 생각지 못한 의외의 답인가! 솔직히 그때 나는 적잖이 충격을 받았고, 심지어 '가르치는' 일을 업으로 삼고 있는 나의 '교수(teaching)'라는 행위 자체를 돌아볼 지경이었다. 심지어 학기 초에 수업을 시작하면서 "유아교사라면 흔히 예쁜 옷을 입고서는 상냥하게 잘 웃는 그런 첫 이미지를 떠올리는데, '교사'의 역할과 존재의 의미는 단지 그런 걸로 보이는 것이 아니다"라고 힘주어 강조까지 했던 것 같은데 좋은 교사에 대한 가장 많은 답이 교사의 '복장'과 '예의'라니… (다소 과장해서 말하자면) 그 기말 보고서 사건은 평소에도 교수 행위의 불가능성을 고민해온 내게 교수의 불가능성을 뼈저리게 경험하게 함으로써 내 인생을 가르치는 직으로부터 초연하게 하는 결정적인 계기가 되었다.

그다음으로 많이 나온 답은 '잘 가르치는 교사'와 '(다양한 업무) 능력이 있는 교사'였다. 내가 은근히 기대한 '아이들의 관점을 고려하는 교사'는 딱 한 번 출현했고, '다른 시선에서 자신의 교육 활동을 돌아보는 교사' 같은 건 아예 없었다. 예비 유아교사였던 학생들은 왜 그렇게 대답한 것일까? 분명 난 잘 가르친다고 가르친 것 같은데… 왜 학생들은 한 학기 동안 그렇게 좋은 질문도 많이 하고, 나와 토론도 하고, 아이들 인터뷰도 하고, 그러고서는 자신들의 깨달음에 대한 감동적인 이야기도 풀어내더니 결국 마지막에 가서는 '복장'과 '예의' 같은, 마치 '처음(학기 초에 유아교사에 대한 자신들의 첫 이미지)으로 돌아간 것 같은' 답을 내놓는 것일까? 그것도 한두 팀이 아니라 대부분이… 어쩌면 이건 '처음으로 돌아간 것 같은' '의외의 답'을 한 학생들의 잘못이 아니라 내 잘못일지도 모른다. 내가 기대하던, 바라던 답을 가지고 있었다는 것 자체가 교수를 불가능하게 만드는 잘못일 것이다. '가르치는 사람'으로서 내가 '배우는 사람들'에게, 내가 원하는 답을 기대한 것 자체가 근본적으로 글러 먹은 '실패각'이었던 셈이다.

학생들에게 원하는 답이 있었다는 내 잘못을 차치하더라도, 난 학생들이 왜 그런 답을 했는지 너무 궁금했고 상심도 되어 그 뒤로도 많은 생각을 했다. 학생들이 좋은 교사에 대해 그러한 답을 내민 이유로 내가 추론하는 두 가지는 바로 문화와 삶이다.

많은 사람들이 '유아교사'의 이미지로 '예쁜 옷을 입고 상냥하게 웃는 여성'을 떠올린다. 이것은 사회인습적 차원에서 '유아교사'에게 부여된 이미지로 일상적 삶에서 스며든, 즉 훈습된 것이다. 이렇게 훈습된 것들이 집단의 방식, 즉 문화를 만들어낸다. 문화는 어떤 정보나 지식과는 달리 우리 몸에 새겨진 질서이기에 그것은 쉬이 넘어설 수 없다. 우리가 어떤 새로운 것을 배우고 독특한 사유에 감응되더라도 우리는 보다 익숙한 질서로 돌아가기 쉽다. 내 몸에 새겨진 질서, 훈습된 문화를 넘어서기 어려운 것이다. 학생들에게 새겨진 '바른 유아교사'에 대한 이미지는 아마도 학생들에게 오랜 시간에 걸쳐 몸에 새겨진 것일 테다. 게다가 학생들의 지금의 삶! 대학 입학과 동시에 졸업 후 취직을 걱정하며 살아가는 학생들에게 좋은 교사는 어쩌면 '취직을 잘할 수 있는 교사', '기관이 좋아하는' 교사, '인사권자(원장이나 그 밖에 유아교육계의 많은 권위자들)들이 좋아하는 교사'였을지도 모른다. 그래서 결국 주위에서 계속 듣는 것처럼, 좋은 교사란 결국 '바른 복장'을 갖추고, '예의 바른 인사'를 할 줄 알고, '다양한 업무를 빨리 해내는 능력'이 있는 교사라고 생각했을지도 모른다. 이 생각에 이르면 애처로운

아이 함께 키우며 더불어 살아가기

마음을 숨길 수가 없다. 그런 문화와 삶의 한복판에 놓인 학생들도, 그런 학생들과 함께 어떻게든 교사의 역할과 존재 의미를 근원적으로 고민해보려고 발버둥 쳐야 하는 '선생'인 나도 참 애처롭다.

그렇다면 그러한 문화(홈 파인 공간)는 어떻게 넘어설 수 있는가? 그것은 삶으로만 가능하다(혹자는 '교육'으로만 가능하다고 논술하나 우리 몸에 새겨진 질서를 넘어서는 것은 그 질서가 새겨진 그 몸에서 탈주하는 것으로부터 시작된다. 마치, 억압의 입구가 해방의 출구가 되는 것처럼 우리 몸에 새겨진 질서를 넘어서는 것은 그 질서에서 벗어난 삶을 축적함으로써만 가능하다고 생각한다). 그렇지 않은 어떤 방식(매끄러운 공간)으로 나아가는 삶이 축적되고 몸에 훈습되면 그것이 우리의 '사고하는 방식', '가치 체계', '움직이는 방식', 즉 우리의 문화가 된다. 이런 맥락에서 구름산 공동육아의 교사조합원들은 아이들과 함께 '그렇지 않은', 사회인습적 차원에서 우리에게 훈습된 질서대로가 아닌 다른 방식으로 살아가는 삶이 어떤 것인지 보여준다. 우주와 별똥, 그리고 구름산의 교사들은 아이들과 함께하는 일상적 삶 속에서 사람들이 흔히 생각하는 것을 '그렇지 않은' 방식으로 만든다. 많은 사람들이 흔히 생각하듯 아이들을 교사가 이끌거나 가르쳐야 할 대상으로 대하지 '않고', 아이들을 보호받아야 할 나약한 존재로 여기지 '않으며', 자기 자신을 아이들의 놀이 한복판에 들어가서 함께 놀아야만 하는 놀이 지원자로 여기지 '않는다'. 이렇게 구름산 교사들은 일반적인 유아교육영역에서 당연히 여겨지는 어떤 질서들을 홈 파인 대로 따르지 '않음'으로써 그 질서를 탈주하고 매끄러운 공간의 가능성을 연다.

예를 들어 사방치기를 할 때 아이들이 사방치기를 모른다면 어떻게 그 재미를 알려주고 그래야 되는데 그런 건 어른이 해줘야 되는 거고… 그러고 그다음은 어른이 빠져줘서 아이들이 그 나이 또래 애들과 같이 놀고, 재밌게 놀이해보는 게 그게 되게 중요한 거 같아요. 제 생각엔 아이들과 같이 놀 때는 치고, 빠지는 거 그게 되게 중요한 거 같아요. 사춘기 아이들이랑 마찬가지로 아이들도 그런 것 같아요. 어른들이 필요한 시기가 있어요. 그니까 (교사가) 아이들 속에서 너무 오래 그 아이들하고 같이 놀면 안 되고 아이들만의 시간을 만들어주는…(게 필요해요.) 아이들이 노는 공간을 만들어주고 거기서 갈등들이 생기고 그런 부분들도 이렇게 너그럽게 봐줄 수 있는 게 필요해요. 그게 난 되게 핵심이라고 생각해요. 어른뿐만 아니라 교사는 특히 그걸 잘해야 된다고 생각해요. (우주)

이처럼 '그렇지 않은' 방식을 살아가고 생각하는 우주는 일반적으로 '교사는 아이들을 위해 끊임없이 무언가를 해야 한다'라는 생각을 가진 것과는 달리, 교사가 아이들을 위해 무언가를 하는 것보다는 아이를 알아가는 과정 그 자체가 매우 중요하다고 이야기한다. 아이들에게 무엇을 이끌어낼까, 어떤 능력을 끌어낼 수 있을까를 생각하는 것보다 소외당하는 어떤 한 아이, 잘난 척하는 어떤 한 아이, 조용하고 내성적인 어떤 한 아이, 소란스럽고 활발한 어떤 한 아이, 이 세상에 단 하나뿐인 독특한 존재자인 그 '한 아이'가 어떤 아이인지 알아가는 게 너무나 중요하다는 것이다.

어떤 아이… 소외당하거나… 잘난 척하는 아이거나, 조용한 아이거나… 이런 아이들을… 아이들을 어떻게 이끌어낼 수 있을까, 라고 생각하는 것도 중요하겠지만, 그 아이가 어떤 아이인가 알아가는 게 굉

아이 함께 키우며 더불어 살아가기

장히 중요한 거 같아요. 저도 이 아이들을 3년을 지켜보면서 알아왔거든요. '아~ 이 애는…' 이렇게… 그러니까 이 아이를 위해서 뭘 했다기보다 이 아이를 알아가고 있는 과정이 되게 중요하거든요. (우주)

피상적으로 생각하기에, 교사가 아이들과 '함께 노는 것'이 어려운 일처럼 여겨지지만 사실은 그 반대인 경우가 많다. 유아교사들에게는 아이들의 놀이를 두고 지켜보는 것, 아이들만의 시간을 만들어주는 게 훨씬 힘든 일인 듯하다. 오랫동안의 현장 경험과 연구를 통해 내가 본 것은 유사 교사들이 아이들의 놀이 속에 깊이 들어가 아이들과 함께 놀면서 아이들로 하여금 그 놀이를 통해 무언가를 배우도록 하는 것을 교사의 중요한 역할로 여긴다는 점이다. 그래서 교사가 아이들의 놀이를 두고 보지 못하고 진두지휘하는 바람에, 아이러니하게도 '놀이중심 교육과정'을 가진 현장일수록 아이들의 놀이가 교사에 의해 기획된 놀이 특징을 띤다.

이는 유아교육영역에서 놀이의 중요성이 강조된 지난 10여 년 동안 더욱 강화되어왔다. 그렇게 교사가 아이들의 놀이를 지휘하고 기획하고 지도함으로써, 아이들의 놀이는 우연과 접속하여 다른 그 어떤 방향으로 계속해서 달라지면서 살아 꿈틀거리는 '생기하는' 현상으로서의 놀이에서 점점 더 멀어져왔다. 놀이가 아이들이 자신들의 잠재성을 현실화하면서 자신들의 세계를 만들어가는, 그래서 어디로 뻗어 나갈지 알 수 없는 리좀 놀이가 되려면 아이들이 운신할 여지가 충분해야 한다. 우주의 말처럼 "교사가 아이들 속에서 너무 오래 같이 놀면 안 되고 아이들만의 시간을 만들어주어야" 한다. 그래서 우주가 말한, 아이들의 놀이에서 교사의 '치고 빠지기'는 교사들에게 그야말로 필수적이지만 어려운, 그리고 탁월한 예술적 교육 혹은 교수 행위이다.

실제로 구름산자연학교 아이들의 놀이시간을 살펴보면 교사들이 아이들과 '함께' 놀이하는 모습은 자주 볼 수 없다. 교사들은 대부분 아이들 옆에서 자신들의 일을 한다. 아이들이 마당이나 뒷산 텃밭에서 놀 때, 우주는 아이들 옆에서 텃밭 일을 하거나 목공 작업을 하거나 그때그때 필요한 일을 한다. 우주가 아이들 '속에서' 아이들과 '함께' 적극적으로 어울려 놀이를 하는 것은 매우 드문 일이다. 이것은 많은 유치원과 어린이집, 특히나 유아교육계에서 오랫동안 진리의 초석으로 여겨왔던 '아동중심', '놀이중심'의 가치를 표방하는 교육 현장일수록 교사들이 적극적으로 아이들 속에서 놀이하는 것과는 다른 모습이다. 소위 이러한 '아동중심' 교육기관에서 생각하는 좋은 교사상이 적극적으로 아이들과 함께 놀이하는 교사임을 생각해볼 때 구름산 공동육아 교사의 이 같은 모습은 다소 의외로 생각될 수 있다.

그러나 위에서 이야기한 바와 같이 '좋은 교사'들이 아이들의 놀이에 적극적으로 참여해서 아이들 속에서 놀이를 할 때 벌어지는 일들은 부모들이 기대하는 것만큼 아이들에게 꼭 좋은 일만은 아니라는 것을 기억할 필요가 있다. 많은 놀이중심 어린이집의 '좋은 교사'들이 아이들의 놀이에 적극적으로 참여해 아이들과 함께 놀면서 놀이의 중심을 차지하거나 놀이의 주인공이 되어버린다. 나는 어린이집 원장으로 재직하면서 또 놀이 연구자로서 이러한 장면을 정말이지 숱하게 보아왔다. 어떤 때는 아이들 한복판으로 들어가려는 교사의 손을 잡아당기며 '제발 그냥 가만히 놔두세요~'라고 말하고 싶은 걸 정말이지 간신히 참아야 할 지경이 되기도 했다. 그러나 여전히 많은 부모들은 아이들 한복판에서 아이들과 '함께' 노는 교

아이 함께 키우며 더불어 살아가기

사를 좋은 교사라고 생각하고, 기관장들도 그래야 교사가 '일을 열심히 한다'고 생각하기도 한다.

그래서 실제 공동육아에 많은 기대를 가진 사람이 구름산자연학교에서 아이들과 교사들의 '따로놀이' 장면을 본다면 이런 생각을 할 수 있다. '이게 뭐야? 공동육아에서는 교사랑 아이들이 평등하게 서로 상호작용하는 그런 교육기관이라며? 교사들이 자기들 일하고 아이들이랑 별로 놀아주지도 않네…' 그러나 만약 그 사람이 구름산에서 많은 시간을 머물면서 구름산 아이들과 교사들의 삶을 함께한다면 아마도 점점 깨닫게 될 것이다. 구름산의 교사들이 아이들의 놀이에 '치고 들어가는' 것은 자주 있는 일이 아니며 그렇게 들어갔더라도 곧 '빠지고', 그보다는 많은 시간을 옆에 있으며, 아이들이 놀 수 있는 시간과 공간을 만들기에 더욱 마음을 쓴다는 것을, 구름산에서 아이들 놀이의 주인공은 늘 아이들이며, 구름산 아이들의 놀이는 이런저런 뜻하지 않은 방향으로 계속해서 회절하고 달라지고, 구름산 아이들은 놀이 속에서 온갖 의외의 사건을 만나는 놀이의 역동을 계속해서 경험하고 있다는 것을 말이다. 그리고 최근의 유아교육과정 개정과 관련해 '아이들 스스로의 놀이'를 고민하는 이들은 곧 알게 될 것이다. 구름산의 교사들은 아이들 놀이에서 교사들의 '치고 빠지기'라는 그 어려운 예술을 그리 애쓰지 않아도 쉽게 해내고 있다는 것을 말이다.

그리고 우주가 이야기한 또 하나의 "핵심"은 교사들이 아이들이 놀 수 있는 공간을 만들어주고 거기서 생기는 갈등과 같은 다양한 혼동과 잡음(?), 사건들의 가능성을 "너그럽게 봐줄 수 있어야" 한다는, 즉 교사의 기다림에 관한 것이다. 아이들을 양육하는 부모라면 그리고 현장에서 아이들과 함께하는 교사들이라면 누구나 알고 있다. 기다림이야말로 우리 어른들이 아이들에게 가져야 할 가장 고급한 교육적 태도이며(이는 반 마넨의 《가르친다는 것의 의미》의 핵심이다), 동시에 가장 현실화하기 어려운 예술이라는 것을 말이다. 우주는 기다림이야말로 교사들이 아이들에게 가져야 할 태도와 가치의 '핵심'이라는 것을 인터뷰 내내 강조했다. 우주가 조합을 소개하는 시청각 자료의 영상에서 말한 바와 같이 구름산 교사들이 "아이들의 '찡그린 얼굴'과 '욕심', 그리고 '거짓말'까지도 사랑한다"라고 한 것은 이러한 기다림 위에서만 피어날 수 있는 교육의 예술인 셈이다.

아이들과 함께하는 구름산 교사들

아이 함께 키우며 더불어 살아가기

판단하지 않는
리좀(rhizome) 교육자들

스웨덴의 교육학자 타구치는 《들뢰즈와 내부작용 유아교육: 이론과 실제 구분 넘어서기》에서 레지오 접근에 기초해 다양한 교육방식을 실험하고 있는 스톡홀름의 유아교사들과 아이들에 대한 이야기를 다룬다. 그 중 아이들의 소위 '공격적 놀이'에 독특한 방식으로 대응한 교사 크리스틴과 그 내러티브가 단연 눈길을 끈다(이 교실에서 벌어진 이야기들을 살펴보면 크리스틴은 얼마나 좋은 교사인지 금방 알 수 있다). 크리스틴의 교실에서 아이들 몇몇이 나뭇가지를 총 삼아 총놀이/전쟁놀이를 시작한다. 총놀이는 유아교육기관에서 흔히 '공격적인 놀이', '거친 놀이'라고 불리며, 유아교실에서 지양해야 할 놀이의 일종으로 여겨지고 있다. 내가 접한 많은 유아교육기관에서도 아이들이 이 같은 전쟁놀이를 할 때면 교사들이 단호한 목소리로(때로는 화를 내며) "우리 총놀이는 안 하기로 했지요? 그건 놀이라도 하면 안 돼요"라고 말한다(그런데, 사실 유아교사들이 많이 쓰는 이 '~~안 하기로/하기로 했지요?' 어법은 곱씹을수록 위장적인 성격이 다분하다. 대부분의 교실에서 아이들은 교사에게 그렇게 하기로/안 하기로 약속한 적이 거의 없다. 아이들은 약속한 적도 없는데 교사가 그런 규칙을 일방적으로 정해놓고는 아이들에게 '약속했지요?', '~하기로 했지요?"라고 말하는 셈이다). 유아교실에서 교사들이 이렇게 '공격적인 놀이', 그중에서도 전쟁놀이에 민감한 이유는 소위 공격적 놀이나 거친 놀이가 아이들 간의 거친 신체 접촉을 유발하고 싸움으로 이어져 분란을 야기하기 때문만은 아니다. 여기에는 매우 복잡한 교육적/윤리적 이슈가 숨어 있다.

많은 교사들이 전쟁놀이를 제지해야 할 놀이로 여기는 이유는 현실에서 '전쟁'이 타인의 생명을 해치고 살상하는, 그야말로 비교육적이고 비윤리적인 상황이기 때문이다. '전쟁놀이'는 그러한 비윤리적 상황을 (비록 현실이 아니지만) 놀이에서 모방하고 재현하는 것이 과연 옳은가(윤리적 고민), 적절한가(교육적 고민) 하는 의문과 논란이 늘 따르는 놀이다. 크리스틴도 이러한 고민을 하는 유아교사로서 아이들의 전쟁놀이가 '그냥 그대로 흘러가도록' 하는 일이 불편했을 것이다. 동료들, 연구자들과 함께 포스트휴먼에 대한 개념과 교실에서의 리좀 배움에 대한 다양한 실험을 해오던 크리스틴은 이 지점에서 아이들이 하던 전쟁놀이의 흐름이 회절될 수 있는 결정적인 제안을 한다. 크리스틴은 아이들에게 총으로 가지고 놀던 나무막대기가 어디에서 왔는지 물어본다. 이 질문으로 아이들은 이 나무막대기가 그냥 죽어 있는 어떤 나무-사물이 아니라 태어난 곳이 있는, '엄마'와 가족이 있는 존재라는 것을, 살아 있는 나무의 한 부분이었다는 것을 이야기하며 걱정하기 시작한다. 아이들이 총으로 사용하던 나무막대기의 '탄생'을 생각하기 시작하자 나무막대기는 이제 더 이상 대상으로서의 사물이 아니라 관심을 기울일 만한 존재로서의 사물이 된다. 급기야 크리스틴과 아이들은 이 나무막대기에게 이름을 붙여줌으로써 인격을 부여한다. 아이들은 나무막대기에 칠을 하고 옷을 해 입힌다. 이제 이 나무막대기는 더 이상 '인간-아

아이 함께 키우며 더불어 살아가기

이'와 다른 층위의 사물이 아니라 크리스틴과 그 교실 아이들의 친구로서 '(비)인간-나무 친구'가 되었다. 크리스틴은 다른 유치원이나 어린이집의 교사들이 일반적으로 아이들의 전쟁놀이 자체를 금지하는 방식으로 접근하지 않고서도 아이들의 전쟁놀이 자체를 자연스럽게 무화시키고 있었다.

이 장면은 포스트휴먼에서 그토록 이야기하는 인간과 비인간의 경계와 구분을 넘어선다는 것이 무엇인지를 매우 쉽고 아름답게 보여주고 있다. 이 책을 읽은 사람이라면 모두 크리스틴의 이야기가 머릿속에 인상 깊게 남았을 것이다. 그런데 여기서 질문을 하나 해볼 수 있다. 아이들의 전쟁놀이는 꼭 방향을 틀어야만(지도되어야만) 하는 것인가? 크리스틴의 이런 노력은 아이들의 전쟁놀이, 공격적인 놀이에 대한 부정적인 가치에서 벗어나지 못하는 교사들의 강박 때문은 아닌가? 사실, 나도 처음에는 이러한 질문을 던질 생각을 하지 못했다. 이 질문은 어떤 대학원 수업에서 한 학생이 내게 던진 질문이었다. 그 학생의 질문은 이후로도 계속 폭을 넓혀 과연 교사의 역할은 무엇인지, 교육의 일은 어디까지인지, 놀이는 과연 무엇인지까지 고민하게 했다. 그러던 중 연구를 위해 구름산자연학교의 날적이를 뒤적이다가 다음과 같은 짧은 문장을 발견했다.

> "총을 쏠 때는 반달, 이렇게 바닥에 엎드려서 눈을 이렇게 하는 거야." 폼 나게 앞을 응시하는 눈빛, 찌릿하다. (반달의 날적이 중에서)

교사조합원 반달이 한 장의 사진과 함께 올린 이 문장을 처음 보았을 때, 나는 온몸이 찌릿한 충격을 받았다. 엎드린 채 나무 '총'으로 '총을 쏘는' 아이의 사진이 너무나도 따뜻하고 사랑스러웠다. 나는 사진의 어디에

나무로 총을 만들어 노는 아이

서도 타인을 향한 '공격'이나 '해로움'을 느낄 수 없었다. 그리고 반달의 '찌릿하다!'라는 그 한마디가 나를 몹시도 짜릿하게 했다.

　아! 그렇구나. 아이의 총놀이는 그 자체로 '폼 나게 응시하는 눈빛'이 살아 있는, 그래서 '찌릿함'을 주는 존재의 표현이자 운동이구나! 그동안 나는 왜 이것을 보지 못했을까? 그동안 우리는 왜 아이들의 '총놀이'와 '전

　　　　　　　　　　　　아이 함께 키우며 더불어 살아가기

쟁놀이'에서 옳음과 당위와 윤리를 먼저 생각했을까? 여전히 놀이를 '교육' 의 논리로 보았기 때문인가? 교육은 결국 옳고 그름, 아니 적어도 더 나음 이 무엇인지를 끊임없이 판단하고 지향해야 하는 일이기에 아이들의 놀이 에서도 이 '판단'의 끈을 놓지 않았던 것이 아닌가? 그래서 아이들의 놀이 를 놀이 그 자체로 이해하지 못했던 것은 아닌가? 그렇다면 이제 진정 놀 이에 눈을 돌리기로 한 지금의 개정된 유아교육과정에서 우리가 해야 할 일은 판단을 멈추고, 아이들의 표현 그 자체에 집중하는, 그래서 아이들의 '배움'이 그 어떤 방향으로도 흘러가고 흘러넘칠 수 있는 매끄러운 공간이 될 수 있도록 하는 '리좀 교육'이 필요한 것이 아닌가?

구름산공동육아조합을 알기 시작하면서 가장 낯설었던 것은, 구름 산 사람들은 많은 대안학교나 공동육아조합에서 하듯이 서로의 가치관 특히, 교육 철학을 맞춰가면서 하나의 지향을 갖기를 노력하지 않는다는 점이다. 자신들의 원칙이나 철학을 담은 문서를 가지고 있지 않은 점이 얼 마나 신선하던지! 조합의 오랜 터줏대감 격인 우주와 별똥 같은 교사조합 원들은 부모조합원들에게 구름산의 어떤 철학이나 지향을 제시한 바가 없 고 신입 동료 교사에게도 '알려줄 만한' 어떤 원칙 같은 것을 가지고 있지 않다. 우주는 오랫동안 함께한 교사조합원들의 교사 회의에서도 자신들의 교육적 지향점이나 아동관, 아이들의 교육 활동에 대한 관점이나 방식을 맞추어야겠다는 생각을 해본 적이 없다고 했다. 우주의 그 말은 내게 가히 충격이었다. 얼마나 많은 대안학교와 공동육아조합이 학교를 시작하기까 지 자신들의 철학을 확인하며 맞추고 또 맞추려고 하는지, 그리고 학교를 시작하고 나서도 그 동일한 '교육적 지향'을 갖추려고 노력하는지를 익히

보아왔기에 이들의 태도는 너무나 신선한 것이었다.

　나 또한 어린이집 원장일 때, 첫 발령이 난 어린이집을 개원할 때, 그리고 재직하는 내내, 가장 공들여 했던 일이 우리 교사들의 교육 지향을 맞춰가는 것이었다. 이를 위해 나는 아이들에 대한 교사들의 시선, 태도, 놀이에 대한 인식 등을 계속 점검하고 세미나를 하며 우리의 시선을 통일하려고 애썼다. 이제 와서 돌이켜 보니, '시선을 통일하는 것'에 대해 한 번도 의문을 가진 적이 없을 만큼 나는 그 일이 '교육' 현장에서 핵심적인 것이라고 여겨왔다. 그런데 구름산에 와서 만난 우주와 별똥이 아무렇지도 않게, 철학을 "맞추려고 생각해본 적이 없다", 신입 교사에게 "딱히 일러줄 만한 것이 없다"라는 말을 심상하게 하는 것을 보며 나는 뒤통수를 맞은 것만 같았다. 그리고 이처럼 '아무렇지도 않게' 이야기하는 그들의 심상함에서는 '힘을 뺀' 사람들한테서만 느껴지는 진정한 자신감이 넘쳐났다. 이질적인 것들을 '불온하게' 여기지 않고 얼마든지 받아들여 또 다른 역동을 생성할 법한 말랑말랑함에서 느껴지는 자신감 말이다. 우주와 별똥에 의하면, 어차피 철학(시선)은 맞추고 싶다고 맞춰지는 그런 것이 아니다. 우주는 "철학이라는 것은 그 사람이 살면서 조금씩 조금씩 바뀌게 되는 거지, 논의한다고 해서 해결되는 게 하나도 없잖아요"라고 말한 바 있다.

　공통의 철학 맞추기에 대한 구름산 교사들의 이러한 심상함과 무관심은 아이러니하게도 구름산공동육아조합이 오랫동안 이어질 수 있는 힘이 되었다. 누군가 뛰어난 사람이 하나의 철학을 강요하지 않으며, 모두가 갖추어야 할 공통의 철학이 없다는 것은 곧 이 공동체가 어느 한 사람에게 기대어 작동되는 곳이 아님을, 즉 특정한 중심 줄기 없이 구성원 모두가 우글거리고 있는 리좀적인 구성체임을, 그래서 '누군가가 없다고 큰일이 나

　　　　　　　　아이 함께 키우며 더불어 살아가기

지 않을' 방식으로 작동되고 있음을 알게 해준다. 나는 몇 년 전 별똥과 나눈 대화에서 이를 깨달았다.

연구자　그럼 지난 15년간 떠나고 싶다, 그런 생각은 안 해보셨어요?

별　똥　매 순간 있죠. (함께 크게 웃음) 매번 있죠. 요 앞의 그 사건에서도. 그 사건도 하루에 일어난 일이 아니잖아요? 아마 이번 일뿐만 아니라 가벼운 일이 있었던 어떤 지점에서도 교사들 다 같이 '그만둬야 돼' 하는 그런 일들이 매번 반복되죠. '굳건하게 우리는 절대, 그만두면 절대 안 돼, 그래서 너도 절대 그만두면 안 돼', 우리는 아무도 그렇게 생각하진 않아요. 우주한테도, 제가 단짝처럼 우리가 서로 의지하면서 그렇게 지내지만…. (중략) 우리는 누군가가 그만둔다고 하면 교사들이 붙잡는 사람이 돼서는 안 된다고 생각했고, 또 (실제로) 그러는(그렇게 붙잡으려는) 사람 아무도 없어요…

　　　　(중략)

연구자　별똥 개인도 본인의 특별한 의지가 아니라 어떻게 하다 보니까 여기까지 오게 됐다는?

별　똥　네, 그런 거 같아요. 내가 반드시 어느 지점까지 쟁취해야 돼, 어느 지점까지 가는 동안은 내가 여기에 꼭 남아서 뭘 꼭 해야 돼. 그런 생각은 한 번도 해본 적이 없는 것 같아요. 그냥 있다 보면 '그래 **이 나에게 이런 말 하는데, 이렇게까지 하는데', …또 아이들 보면서…. (중략) 그러다 보니까 그렇게 시간이 지나면서 '그래, 여기 있으면서 재미있는 거나 찾지 뭐~' 또 실제로 아이들이랑 있으니까 매일매일이 새롭잖아요. 그러니까 얼마나 또 재밌어요? 새로운 일이 계속 생기잖아요, 여기서 새로운 일, 저기서 새로운 일 자꾸 생기니까 그러다 보면 또 언제 그랬냐는 듯이 (그만두겠다는 생각을) 잊어버리는 것 같아요. 처음부터 내가 어떤 확고한 결심을 해서 뭔가 있었으면 그랬으면 어떤 순간에 빨리 꺾여서 나가떨어졌을 것 같아요. 15년 동안 내 뜻을 계속 굽혔을 거 아니에요? 애초에 내가 여기를 선택할 때 어떤 (거창한) 목표가 있었다면 그만두기가 훨씬 더 쉬웠을 것 같아요.

연구자 맞아요. 내가 너무 잘나서 굳건한 어떤 교육 철학을 가지고 모든 교사들에게 내 철학을 전파시키고, 자꾸 이래야 해, 이런 거거든, 이렇게 했으면 지금까지 못 했겠죠? 잠깐 하다가 또 딴 데 가서 풀어야 되니까…. (웃음)

많은 대안학교나 공동육아에서 자신들의 철학을 맞추고 또 맞추며 오랜 시간 공을 들이고 시작했지만 시간이 지나면서 사람들이 떨어져 나가고 또 와해되기도 하는 많은 이유는 서로의 교육 철학을 맞추지 않아서가 아니라, 함께하면서 계속해서 발생/발견되는 서로의 차이(삶에 대한 가치나 교육적 관점처럼 추상적 수준이 아니라 아이들과 동료를 판단하는 태도, 갈등을 해결하는 습관 같은 관계의 문제)를 결국 용납하지 못해서라는 점을 생각해보면 별똥의 이러한 추론은 결코 과장된 것이 아니다.

우주가 이야기하는 '철학의 통일 불가능함'과 별똥이 이야기한 '목표 없음'은 결국 모두가 모여드는 중심 줄기 없음을 뜻한다. 이것은 이제까지 (특히나 교육의 장에서는) 우리에게 매우 친숙했던 뿌리-몸통-줄기-가지로 이어지는 위계적인/수목적인 질서와는 전혀 다른 것이다. 이것은 중심 줄기 없이 구성체를 이루고 있는 모든 성원이 모나드로서 각자가 우글거리며 서로서로 뒤얽혀 사방으로 뻗어나가 스스로 뿌리를 내리거나 줄기를 이루는

아이 함께 키우며 더불어 살아가기

리좀의 질서를 드러내고 있다.

리좀(rhizome)은 원래 땅속에서 특수한 모양으로 변하며 뻗어나가는 뿌리줄기, 즉 지하경을 뜻하는데, 요사이 유행하는 포스트휴먼(post-human) 철학 사조의 시작이 된 들뢰즈와 가타리가 그들의 저서 《천 개의 고원》에서 관계 맺기의 한 유형으로 제시한 언어다. 리좀은 가지가 흙에 닿아서 뿌리로 변화하는 지피식물들을 표상하는데, 수목형은 뿌리와 줄기, 가지와 잎이 위계를 가지며 관계를 맺기에 기존에 이미 수립된 질서를 쉽게 바꿀 수 없는 반면, 리좀은 그 자체가 뿌리줄기이기에 (원)뿌리가 내려 있지 않은 곳으로도 번져나갈 수 있는 '번짐'과 '뒤얽힘'을 표상한다. 구름산의 교사들이 이야기하는 '철학의 통일 불가능함', '대장 없음', '목표 없음', '일

끝도 시작도 없이 뻗어나가는 리좀(뿌리줄기)의 이미지를 보여주는 모턴베이피그

러줄 것 없음'은 구름산공동육아조합이 뿌리-줄기-가지-잎의 위계적 질서가 아니라 서로서로 뒤엉켜서 어디로든 번지고 흘러넘치는 리좀으로 작동되고 있음을 보여준다. 한국 유아교육계는 교육과정의 개정으로 인해 요사이 포스트휴먼 철학, 리좀적 교육에 대한 논의가 한창 유행이다. 새로운 교육과정을 이해하기 위해, 여기저기서 '리좀 철학'과 '리좀 방법', '리좀 교육'을 배우려고 난리법석이다. 그러나 현장의 많은 원장과 교사들에게(이론가들에게는 말할 것도 없고) 리좀 개념은 알 듯 알 듯하면서도 쉽사리 잡히지 않는다. 리좀은 지적으로 접근해서 '파악'될 수 있는 '개념'이 아니며, '리좀 방법'은 그 사례를 본다고 체화되지 않는다. 리좀은 어떤 개념이 아니라 그것의 작동 방식 그 자체다. 리좀은 리좀적 운동, 즉 리좀으로서 움직이고 그렇게 할 수 있는(살 수 있는) 능력 속에서 발견된다. 그 존재의 의미는 이름에 의해서 결정되는 것이 아니라 그것이 작동하는 방식, 즉 '그것은 무엇을 할 수 있는가?'에 의해서 결정되는 것이다. 그러니 가장 강렬한 리좀은 그것을 공부하고 연구하는 사람들에게서 찾을 것이 아니라 그렇게 사는 이들에게서 발견할 수 있다. 여기 구름산의 교사들은 그들이 스스로 알기 전에 이미 리좀 교육자들로 그렇게 살고 있다.

아이 함께 키우며 더불어 살아가기

가르치기보다는 함께 배우기, 포스트휴먼시대의 교육을 실현하는 사람들[4]

아이들에 대해 공부하는 사람으로, 나는 오랫동안 두 가지 질문을 가지고 씨름해왔다. 하나는 '교육과 놀이는 과연 종합될 수 있는가?' 하는 문제이고 다른 하나는 '가르치는 일은 과연 가능한 것인가?' 하는 문제다. 두 질문에 대한 답을 찾기 위한 공통적인 열쇠는 기존의 전통적 배움/가르침(교수)/교육 개념을 넘어서는 새로운 이미지를 생성하는 것이다. 인류의 정수를 보존하여 전달하는 '교수', 그 전달받은 인류의 정수를 갈고닦아 습득하는 '학습', 그러한 교수와 학습의 상호작용을 통해 인류의 정수를 계속해서 보존하고 축적해나가는 '교육', 이 셋의 전통적 개념을 뒤흔들어 균열을 내고 기존의 '홈 파임'을 탈주해야 한다. 구름산의 교사들은 홈 파인 배움/가르침/교육을 탈주하여 매끄러운 교육의 공간을 만드는 삶으로 새로운 이미지 만들기에 영감을 주었다. 그들에게 받은 영감을 따라 또 중요

---

4) 이 장의 내용은 저자가 2019년 한국교육인류학회 추계학술대회에서 발표한 토론문, 〈들뢰즈와 가타리의 '기계'와 '배치'를 통해 '교육'과 '배움' 새롭게 사유하기〉와 2020년에 발표된 공동저술 총서, 《미래학교를 위한 놀이와 교육》 중 저자가 집필한 〈물질은 어떻게 아이들과 더불어 운동하는가?〉를 바탕으로 수정한 것이다.

한 통찰을 준 들뢰즈의 사유에 힘입어 배움과 가르침 그리고 교육의 새로운 이미지를 생각해본다.

첫째, 배움이란 기존의 사유가 흔들리고 침투당하며 자신의 주름을 펼쳐나가는 것이다.

배움과 앎은 얼핏 같은 것 같아 보이나 둘은 큰 차이가 있다. 앎은 배움의 결과를 지칭하는 명사이지만 배움은 과정 그 자체이다. 들뢰즈는 《차이와 반복》에서 배움과 앎을 애써 구분하고 있는데, 앎은 개념의 일반성과 답의 규칙을 습득하는 것인 데 반해 배움은 앎을 향해 가는 "활력에 찬 이행 과정"이다. 즉 앎은 어떤 결과를 지칭하는 명사인 데 반해, 배움은 그것을 생성해나가는 운동성 그 자체인 셈이다. 배움에 대한 들뢰즈의 이러한 관점은 《프루스트와 기호들》에도 잘 나타나 있는데, 그는 진정한 배움의 기호는 어떤 강렬한 침투로 인해 수많은 의미들을 비자발적으로 마주하게 되는 일종의 '예술의 기호'로 보았다. 예술의 기호란 비자발적이며 강요된 것으로, 우연적이고, 예측할 수 없는 방식으로 우리가 가지고 있던 것들 안으로 폭력적으로 침투한다. 즉, 배움은 우리가 가지고 있던 여러 가지 공준(公準)들, 이론들, 선입견과 예지와 같은 것들을 흔들고 침투하는 운동이다. 들뢰즈는 인간은 자신이 사유할 수 없는 어떤 것을 만났을 때에야 진정으로 사유를 시작하게 된다고 하였다.

이것은 사유와 배움은 결코 타자의 목표 설정을 통해 이뤄지지 않는다는 것을 보여준다. 오히려 배움은 우리가 예상하지 못한 어떠한 마주침을 통해 우리가 가진 독단적인 사유의 이미지를 흔들고 침투한다는 면에서 지극히 비계획적이며 비자발적이다. 우리는 세계 속에서 우리가(혹은 아이들이) 어떤 마주침을 통해, 어떻게 배우게 될 것인지 미리 알 수 없다. 들뢰즈가 표현한 바와 같이 "보물들을 찾기 위한(배우기 위한) 방법은 없고 배우기 위해 따라야 할 방법은 더더욱 없다." 이런 점을 생각해보면, 구름산 교사들이 아이들에게 무엇이 더 좋은지 이야기해줄 바가 없고, 그래서 아이들을 이끌려 하지 않고 후임 교사들에게도 '알려줄 만한' 무언가가 없다는 것은 배우기 위해 정해진 방법은 없고 따라야 할 방법은 더더욱 없다는 이 말의 의미를 너무나 잘 드러내준다. 이렇게 구름산 교사들은 배움이 근원적으로 타인의 의도와 계획에 의한 것이 아님을 알게 해줌으로써 우리가 아이들의 배움을 위해(위한다는 명목으로) 수많은 학습계획을 더 촘촘하고 세밀하게 세우는 일이 얼마나 부질없는 일인지 깨닫게 한다.

둘째, 가르침이란 주름 펼침을 추동하며 함께 배워나가는 것이다.

'가르치는 일은 무엇인가?'라는 질문은 여전히 어려운 것이다. 나는 이제껏 많은 논문과 저작들을 보아왔지만 가르친다는 행위가 과연 무엇을 의미하는 것인지 이해하기 어려웠다. 다만, 만약 가르치는 일이 가능하다면 그것은 무엇과 같은 운동인가를 생각해볼 뿐이다. 앞에서 "배우기 위해 따라야 할 방법이 없다"라는 들뢰즈의 말은 가르친다(교수)는 행위의 불가능성에 대한 내 의문을 더욱 활활 타오르게 한다. 그렇게 여전히 교수행위에 대한 (불)가능성을 안고서라도, 가르치는 일이 가능하다고 하면, 그 가르치기를 무엇과 같은 운동이라고 보아야 할까? 가르침이 없는 배움은 가능하지만 배우지 않는데 가르친다는 것은 처음부터 무의미한, 성립되지 않는 일이기에(그래서 당연히도 교육의 두 요소 중 가르침보다 배움이 훨씬 더 근원적이고 중요하다), '가르침'이란 항상 '배움'과 짝을 지어 생각해보아야 한다.

이 같은 배움의 의미를 생각해볼 때 가르치는 일이란 아이들에게 어떤 앎/해답/규준을 재인하거나 재현하도록 훈련하는 것은 아닐 것이다. 배움이 어떤 만남을 통해 우리의 독단적인 사유를 흔들고 침투하는 과정이라면, 가르침은 배우는 사람들이 더 많은 사유의 이질성을 마주함으로써 기존 사유의 흔들림과 침투를 경험하도록 돕는 일이 될 것이다. 배움이 기존의 사유를 흔들고 침투함으로써 자신의 잠재성을 현실화하는 과정이라면 가르침이란 결국 배우는 사람들이 더 많은 침투와 잠재성의 현실화 과정을 추동하는 운동이어야 한다. 그리고 그 생성을 추동할 수 있는 장치가 바로 질문이다.

전통적인 학습의 관점에서 질문은 그 구성원들의 공통의식의 명제들 즉, 구성원들이 '그럴듯하다'고 여기는 어떤 독사(doxa)에 따라 이루어진다. 교사가 질문을 하고 학생이 거기에 답을 한다는 것은 서로 공유하는 공통감을 가지고 있는 집단 속에서 만들어낸 명제와 독사를 통해 이루어진다. 즉, 전통적인 교수와 학습의 질문과 답은 정해진 각본 속에서 일어나는 일이다. 침투하는 배움을 추동하기 위해서라면 이러한 정해진 문답의 각본에서 벗어나야만 한다. 정해진 답의 그 중심성을 방해할 수 있는 질문이 필요하다. 우리가 가진 '독단적 사유의 이미지'를 침투해 들어오면서 그것에 균열을 만들고 진정한 사유가 발생할 수 있도록 하는 변곡으로서의 질문하기, 이것이 새로운 가르치기다. 나는 이러한 가르치기의 새로운 이미지를 우주와 별똥의 모습에서 발견할 수 있었다. 그들은 유아교육이라는 전공 영역의 (현장) 전문가들이 흔히 가지고 있는 어떤 독사를 익히지 않아서 그것으로부터 오히려 자유로웠다. 또한 그들은 삶의 문제들이 어떤 '정해진 답이 없는 것처럼' 아이들의 배움에도 정해진 어떤 답이 없다고 여기는

아이 함께 키우며 더불어 살아가기

탈중심성의 태도를 일상과 온몸으로 드러냄으로써 교수와 학습의 정해진 문답의 각본을 벗어나 아이들과 묻고 답하며 이야기한다는 것이 무엇인지 보여주었다.

셋째, 교육은 새로운 존재로 탈바꿈되는 '-되기'와 같다.

그렇다면, 배움과 가르침에 대한 전통적인 정의를 벗어나 새롭게 사유한다면, 배움과 가르침이 복잡하게 얽혀 있는 교육은 어떻게 보아야 할까?

지금의 연결망 사회('인터넷 사회', '4차 산업사회' 등 뭐라고 부르든지)는 위계적이고 정보가 집중되었던 인터넷 탄생 이전의 세계와는 다르다. 정보사회에서의 주체성이 병렬적인 네트워크 구조로 변한 것이다. 이러한 연결망 사회, 포스트휴먼의 사회에서는 지능과 주체성, 자율성 모두가 사회 전체에 확산되고 분산된 형태로 존재한다. 여기서 교육의 작동 방식 또한 예외가 아니다. 지금의 연결망 사회에서 교육은 행위주체성이 세계 전체에 미분적으로 분배되는 포스트휴먼의 상태로 작동된(되어야 한)다. 이제까지의 전통적인 교실에서 교육의 행위주체성은 말하는 사람(대부분 교사)에게 있다고 보았다. 말하고, 교육 활동을 계획하고 준비하고, 실행하는 사람이 교육에서의 행위주체성을 가졌다고 여겨왔다. 그러나 실제로 그렇게 교사가 일방적으로 말하고 보여주는 교실에서조차 그 말을 듣는 학생들(아이들)은 교사의 말에 다양한 방식으로(반짝거리는 눈빛으로 듣거나 반대로 하품을 하거나) 반응하며 행위주체성을 표현하고 있었다. 나는 수업에서 '말하는 이'(교수/교사)가 아닌 '듣는 사람'(학생/어린이)의 행위주체성을 최근 코로나 사태를 맞아 일방적인 카메라 촬영 방식의 온라인 수업(이것을 '수업'이라고 지칭하는 것이 좀 고민되긴 한다. 강의일 수는 있지만 수업은 아닐 수도 있다)을 하며 처절하게 경험하고 있는 중이다(앞에 학생들이 있는 것과 없는 것은 내 수업을 매우 다르게 만든다. 비록 그 학생이 말 한마디 하지 않고 앉아 있더라도 말이다).

　따라서 이제 새로운 시선의 '교육'이 가능하려면 유아교실에서 이제까지 견고히 유지되었던 전통적인 주체성의 위계와 집중을 흔들고, 교사와 학생, 어른과 어린이, 인간과 비인간, 인간과 물질이 서로 연결되는 과정 안에서 모두가 수행적인 행위주체로서, 언제나 감응하고 감응되는 상호의존적 존재로서 작동한다는 것을 발견해야 한다. 구름산 교사들의 탁월한 점이 여기에 있다. 구름산의 교사들은 교사 조직에서도 누군가에게 집중되는 권력 없이 의견을 교환하는 것을 자연스럽게 여길 뿐만 아니라 아이들과 함께하는 교실에서도 자신에게 교육의 행위주체성이 집중된다는 생각을 아예 품지 않는다. 우주와 별똥은 아이들을 대함에 있어서 "저 아이는 저런 아이여서 저렇게, 이 아이는 이런 아이니까 이렇게", "내가 어른이니까 오히려 더 조심"해서 대한다. 아이들과의 관계에서 관계 맺음의 행위주체성이 아이들에게 있음을 잊지 않는 것이다. 교육 활동에서도 다르지 않다. 별똥과 우주는 아이들에게 활동의 한 가지 모델을 보여주지만 아이들이 그 모델대로 만들리라는 생각을 애초에 가지지 않는다. 아이들이 만든 '작품'은 '그것을 준비하고 보여준 교사-그것을 만드는 아이-그 아이 손에 있는 물질'의 각각의 행위주체성이 서로 복합하게 얽혀 나타나게 되는 것이다.

　이러한 교육 활동에서 행위주체성의 얽힘에 대해 숙고해보자면, 교육은 아이들, 교사, 공간과 물질들, 다양한 텍스트들이 특정한 강밀도로 계열을 이루며 끝없이 연접해나가는 사건인 셈이다. 사건은 본원적으로 일반화할 수 없는 특이성 또는 특이성들의 집합이며 주체 없는 개별화이다. 우리가 살아가며 체험하게 되는 모든 사건은 되돌릴 수 없고, 반복되지 않는 유일하며 독특한 순간이다. 사건은 다른 그 어떤 것으로 대체할 수 없는 언제나 다른 어떤 것이나 전체로 환원될 수 없는 '이것임(heccéité)'이다. 사건은 전체가 부분을 포획하는 것이 아니라, 전체와 부분이 서로를 포착하면서 해체와 구성을 반복하는 어떤 계열이다. 교육은 어떤 '전체'나 '일반'이기보다, 즉 어떤 플라톤적 본질이 아니라 일반화할 수 없고, 전체로 환원될 수 없는 단 하나의 사건이다. 교육은 아이, 교사, 공간, 물질의 각 존재가 특정한 배치와 접속 속에서 서로가 서로를 포착함으로써 일어나는 그 순간의 사건, 그 순간의 '이것임'이다.

'아이, 교사, 공간, 물질들이 계열을 이루어 배치를 이뤄나가는 사건으로서의 교육'이라는 이 개념은 구름산 교사들의 일상과 태도 속에서 물 흐르듯 자연스럽게 나타났다. 이들이 신입 교사에게 딱히 무언가를 알려줄게 없다고 여기는 것은(무언가 매뉴얼을 만들어놓고 전수하면 보다 '효율적'일 텐데도), 운영위에 특정한 원칙이나 내규가 없는 것은(운영위원들이 누구이건 문서로 정리된 운영위 원칙이나 내규가 있으면 시행착오가 적어 '효율적'일 텐데도) 바로 이 '이것임'과 '배치' 때문이다. 우주와 별똥 모두 그가 누구인가에 따라 그리고 그가 누구와 어떤 사건과 만나느냐에 따라 달라질 것이기에 일반화할 수 없다고 생각하고 있었다. 그들은 구름산자연학교에서 발생하는 사람, 공간, 물질의 만남들이 그 배치에 따라 달라지는, 일반화할 수 없는 각기 다 다른 '이것임'으로 여기고 있었다. 이런 맥락에서 17년간 일을 하면서 "어제랑 똑같은 일을 한다는 느낌을 한 번도 가져본 적이 없다"는 별똥의 말은 그야말로 명언이자 진실이다.

교육은 그렇게 행위주체성을 가진 아이, 교사, 공간, 물질, 텍스트가

구름산 아이들이 주워 온 꽃 한 송이

아이 함께 키우며 더불어 살아가기

특정한 강밀도로 계열을 이루어나가며 (결과적으로) '되기(devenir)'를 동반한다. 이 되기는 하나의 주체가 다른 주체를 모방하거나 재현하는 것이 아니라 "각자의 내적 역량이 마주쳐 변형된 새로운 존재 양태들"이 출현하는 것이다. 들뢰즈와 가타리의 이 '되기'는 "상상적인 것도 상징적인 것도 아닌 전적으로 실재적인 것"이다. 여기서 교육의 작동 방식에 대한 또 다른 의미를 생각해볼 수 있다. 교육은 상이한 항과 접속하여 새로운 존재 양태로 변형되는 '되기'를 야기하는 방식으로 작동한다. '되기'는 유비, 유사, 모방, 환상의 문제가 아니다. 되기는 자기중심의 동일성을 넘어 타자들(상이한 항들)과 접속하여 서로를 포괄하는 강도의 연속체 속으로 들어가는 것이다. 이것이야말로 새로운 배움과 새로운 가르치기가 얽혀 일어난 사건으로서의 교육이다. 종이를 가지고 놀고 있는 한 어린이의 종이-되기(Pancini-Ketchabaw, Kind, & Kocher, 2017), 집단 활동에 참여하지 않으려고 하는 학생을 바라보는 교사의 아이-되기(Sellers, 2013), 인간과 비인간의 위계 넘어서기를 시도하는 연구자들의 물질-되기(전가일, 2018a), 한 그루의 나무를 통해 그 모나드 속에 있는 놀이의 세계를 탐구하려는 질적 한 연구자의 나무-되기(전가일, 2018b), 그 모든 다양체들의 교육-기계-되기!

공동육아, 다양한 모나드들이 수렴하는 관계의 마을 형성하기[5]

구름산 사람들의 공동육아 경험을 통해 우리가 이해할 수 있는 '사회적 육아', '아이 함께 키우기'의 의미는 무엇일까? 나는 구름산 공동육아 조합원들의 이야기를 통해 우리 사회에서 공동육아, 아이 함께 키우기가 가지는 의미를 다음과 같은 세 가지로 이해해보았다.

첫째, 아이 함께 키우기는 서로 둘러보며 '내 아이'를 넘어 '우리의 아이'로 나아가는 것이다.

구름산 조합원들은 공동육아 과정에서 비용, 참여, 관계, 책임의 부담을 감당해야 했을 뿐 아니라 알 수 없는 미래에 대한 불안감, 비체계적인 의사결정 체계로 인한 의견 수합과 사안 결정의 어려움 등을 경험했다. 이러한 어려움 중 비용, 참여, 관계, 책임의 부담감은 대부분의 공동육아조합이 겪는 것들인 데 반해 불안감이나 비체계적인 의사결정 과정 등은 어

---

5) 본 절의 내용은 미래교육학연구에 발표되었던 전가일(2020)의 〈그들은 왜 기꺼이 어려움을 감수하는가?: 한 공동육아협동조합원들의 공동육아 경험을 통해 본 사회적 육아의 의미〉의 내용을 바탕으로 수정한 것이다.

아이 함께 키우며 더불어 살아가기

쩌면 구름산조합의 특수한 것일 수 있다. 이러한 여러 가지 어려움에도 불구하고 구름산 사람들은 왜 공동육아조합을 포기하지 않을까? 이는 공동육아가 자녀를 위한 최선의 선택일 뿐 아니라 공동체적 관계를 형성하게 해주었고, 자기 성장, 아이를 함께 키우는 안정감, 아이들 앞에서의 자기 성찰 등을 경험했기 때문이다.

구름산 사람들의 이러한 공동육아 경험을 관통하는 것은 바로 '내 아이'를 넘어서는 '우리의 아이'에 대한 경험이었다. 즉, 아이를 양육하면서 자신의 아이에게만 향했던 좁은 시선이 다른 아이들에게로 향할 만큼 넓어지는 것이다. 이는 조합에 들어와서 자신의 아이를 다른 조합원들이(다른 가정의 부모와 교사가) 자신만큼이나 관심을 가지고 지켜보고 이해하고 돌보는 경험이 축적되면서 자연스럽게 일어난 변화이다. 처음에는 일반 어린이집을 다녔던 때와 비슷한 기대만을 가지고 교사를 바라보던 조합원들도 이러한 경험을 계속하자 시간이 지날수록 자신의 아이를 진정으로 나눌 수 있는 타인이 생겼음을 체험하게 되고, 스스로도 어느덧 다른 아이들을 돌아보게 되는 것이다. 이렇게 해서 이들은 서로가 서로를 거대한 돌봄의 가족과 같이 여기게 되었다. 공동육아 전에는 겨우겨우 힘들게 외로운 고립 육아를 이어왔던 이들에게 이러한 서로 돌봄은 '기댈 곳이 생겼다'는 안정감을 준다. 결과적으로 이들에게 아이 함께 키우기는 자신도 모르는 사이에 자연스럽게 어느덧 옆의 아이를 둘러보고 돌보게 되는 '서로 둘러보기'이다.

> 딸 기 내가 보면 5세 때 더 날을 세우고 있었던 거 같아. 여기 보내는 사람들은 일반 유치원 보내는 사람들보다 더 많은 기대와 더 많은… 그

래서 갔는데 1년 동안 학교를 더 알아가는 과정이었던 거지. 1년이 지나니까 학교에 대한 믿음이 생기는 거지. 그러니까 그런 게 저절로 해소되는 거지. 처음에는 아, 뭐야, 8시에 와서 보일러 틀어놓으면 애들이 따뜻할 텐데 왜 9시에 트는 거야! 그런 걸로 흥분하고 그리고 신발이 젖었는데 왜 안 갈아줬어? 막 이런 걸로 (화내고) 그런 게 5세 때 계속 있었거든요, 그런데 6세 때는 담임을 알게 되잖아. 그래서 아, 뭔가 있었겠지, 일부러 그랬겠나, 그런 게 생기면서 점점 믿음이 생겼지. 내 아이를 나눈다는 것을 믿는 거. 반달이라는 담임을 통해서 나만큼 내 아이를 통해서 내 아이에 대해서 자세히 아는 사람, 정말 내 아이를 나눌 사람이 생겼다, 라는 거⋯.

민들레 그리고 (담임 교사들이) 나보다 더 잘 알아, 내 아이를⋯.

연구자 진짜 공동의 육아네요.

민들레 왜냐하면 3년을 같은 담임이 하니까, 그런 장점이 있어요.

딸 기 그리고 부모 모임에도 그런 게 있어요. 애들 같이 놀 때 별명으로 부르니까 여기(민들레) 남편이 바위거든요, 우리 큰아들이 바위한테 너무 편하게 삼촌처럼 대하는, 그런 것도 되게 좋았어요. 내가 이런 경험이 없어가지고 그냥 내 아이 겨우겨우 케어하는 정도였는데 주변에서 자꾸 우리 애를 케어해주는 거야. 그러니까 나도 옆 사람을 둘러보고 아, 이런 건가? 애들은 같이 키우는 건가? 애는 마을이 키운다는 생각을 해본 적도 없고, 그런 책을 읽은 적도 없었어. 그런데 여기 왔는데 여긴 날 위해 준비된 곳이었어(다 함께 크게 웃음). 왔는데 그렇게 세팅이 다 되어 있더라고, 난 정말 끼기만 하면 됐어.

둘째, 아이 함께 키우기는 다양성을 인정하며 모나드들이 수렴하는

아이 함께 키우며 더불어 살아가기

세계를 만드는 것이다.

구름산 조합원들이 공동육아 과정에서 경험한 여러 어려움 중 가장 부담스러운 부분은, 경제적 부담을 제외한다면 단연 관계의 문제였다. 참여의 부담이나 공동체의 피로감, 의사결정 과정의 문제도 결국 관계의 문제로 귀결되는 것이다. 관계가 가까운 만큼 긴장과 갈등도 강하게 경험하게 되는 것이다. 조합원들이 아이를 함께 키워가는 과정 중에 경험하는 관계의 갈등에서 핵심은 결국 나와 다른 성격, 지향, 의견을 가진 사람들과 어떻게 함께 하나의 공동육아를 꾸리고 조합에서 공존하느냐 하는 것이다. 따라서 역설적이게도 이들은 조합에서 경험하는 관계의 수많은 갈등과 어려움을 통해 타자들의 다양함을 인정하는 방법을 배워나간다. 항아리는 자신이 이 관계의 어려움을 통해 성장했음을 이야기하면서 나와 전혀 다른 사람들과 친해지거나 같은 의견을 가질 수 없다 하더라도, 조합원으로 함께 지낼 수 있도록 노력하는 과정에서 본인이 사람을 보는 관점이 달라지고 관계를 맺는 태도가 성장해나갔음을 이야기했다.

이렇게 구름산 사람들이 자신들의 공동육아 경험을 통해 보여준 '아이 함께 키우기'는 공동의 육아 속에서 다양성과 개별성을 존중함으로써 개개인들이 저마다 그 자신으로 살아가는 방법을 배워나가는 '다양성 인정하기'이다. 이들은 나와 다른 의견과 지향을 가진 조합원들을 설득하여 나와 같은 관점을 갖도록 하는 것이 아니라 나와 다른 지향을 가진 사람들과도 아이들을 매개로 협력하면서 의견을 조율해나가는 역동적인 공동체이다. 이러한 구름산 사람들의 다양성 인정하기에 대해 별똥은 그것이야말로 자신들의 교육 지향임을 이야기했다. 아이들을 있는 그대로 인정해주고 아이들 개개인이 다 그대로 살 수 있게 해주려면 아이들을 바라보고 있는 자신/어른들이 그렇게 살아야만 한다는 것이다.

셋째, 아이 함께 키우기는 물리적 한계를 넘어 관계의 마을을 만드는 함께 살기이다.

구름산 사람들이 공동육아 과정에서의 다양한 어려움에도 불구하고 조합을 지키는 여러 가지 이유를 관통하는 것은 아이를 함께 키우는 공동체를 형성했다는 점이었다. 그래서 어떤 조합원은 "처음에는 (공동육아가) 애한테 좋을 것 같아서 시작했지만 이제는 나 때문에 그만둘 수 없다"라고 말하기도 했다. 조합 활동에 엄마만 참여하는 것이 아니라, 학교와 조합의 크고 작은 일들에 온 가족이 함께하면서 엄마들 간의 교류뿐 아니라 가족들 간의 교류가 일어난다. 특히 일반 어린이집이나 유치원에 다니는 아빠들에 비해 구름산조합의 아빠들은 학교와 조합의 다양한 활동에 참여하면서 자연스럽게 아이 양육에 적극적인 주체가 된다. 결과적으로 이들에게 아이 양육은 결코 엄마 혼자서 하는 일이 아니라 가족 전체, 나아가서 서로 다른 가족들이 함께하는 것이 된다. 이렇게 아이 양육을 함께하는 조합원들은 물리적으로는 서로 지근거리에 살지 않고(서로 상의해서 같은 아파트로 이사를 가는 조합원들도 있지만) 떨어져 살고 있지만 같이 살고 있다고 느낀다. 소모임을 하는 아빠들은 수시로 만나 저녁을 먹거나 맥주를 마시기도 하도, 텃밭을 같이 가꾸는 동아리 활동을 하는 조합원들은 텃밭에서 만나 수확을 하고 고기도 구워 먹는다. 가지를 수확한 조합원들이 조합 밴드에서 필요한 사람을 부르면 다른 조합원들이 댓글을 단다. 그러면 그날 가지를 수확한 조합원들은 가지 한 바구니를 들고 댓글을 단 조합원 집에 '방문 배달'을 하기도 한다. 동아리 활동에 적극적이지 않은 조합원들도 밴드에 수시로 올라오는 다른 조합원들의 물건 나눔(서로의 육아용품을 물려 쓰고 돌려쓰는 것)에 답하면서 왕래한다. 딸기가 표현한 대로 구름자리 조합원들은 물리적으로 떨어져 살지만 자주 만나서 이야기 나누고, 같이 먹고 나누고, 서로를 격려함으로 "떨어져 있지만 같이 살고 있는" 것과 같다. 조합원들은 비록 물리적 공간으로는 서로 떨어져 있지만 구름산공동육아조합이라는 육아의 공동체를 통해 마을처럼 연결되어 있다. 구름산 사람들은 이렇게 일종의 '관계의 마을'을 형성한 셈이다. 이들의 이러한 모습은 현대사회 생활 패턴의 특성상 물리적인 의미에서의 '마을'을 형성하기 쉽지 않은 상황에서 우리가 어떻게 아이를 함께 키우는 연대와 협력을 생성할 수 있는가에 대한 좋은 사례가 되어준다. 이러한 맥락에서 구름산 사람들이 보여준 '아이 함께 키우기'는 결국 '함께 살기'이다.

> 이제 '내 아이'란 개념을 지나버렸어(내 아이만을 생각하는 것을 넘어섰어). 와보니까 이곳은 애만 키우는 곳이 아니었어. 그래서 (공동육아조합은) 유치원의 개념은 아닌 것 같아. 굳이 내가 (사회적 일에) 뜻이 없어도 이들(조합 식구들)이 하고 있잖아. 그러면 나도 어느새 거기 가 있는 거야. 그러니까 같이 사는 것 같아요, 이 삶을…. (딸기)

이렇게 구름산 사람들의 이야기를 통해 공동육아는 그 시작과 유지에 많은 어려움과 난관이 있음에도 불구하고 '내 아이'를 넘어 '우리들의 아이'에 대한 인식을 갖게 함으로써 사회적 돌봄이 가능한 지역 공동체, 즉 돌봄의 마을을 형성할 수 있는 가능성을 보여준다. 이는 철저히 개별화된 지금의 사회 환경에서 발생하는 부모들의 육아 고립 시대에 우리 삶의 방식을 돌아보게 하는 사회적 울림과 함께 양육의 고립을 타개할 수 있는 구체적인 대안적 삶에 대한 방법적 통찰을 줄 수 있을 것이다. 또한 공동육아를 통해 자신이 성장할 뿐 아니라, 다양한 방식으로 지역사회와 소통하며 지역사회에 기여하는 구름산 사람들의 모습은 육아기관과 지역 간의 연대를 강화하며 공동육아가 우리 사회에 반짝이는 '사회적 자본'이 될 수 있음을 보여주고 있다.

아이 함께 키우며 더불어 살아가기

육아공동체, 뉴노멀시대를 살아갈
우리 시대의 사회자본 만들기

2020년 한 해, 너무나도 많은 변화를 겪은 탓에 마치 수년을 살아낸 것만 같다. 우리 세대에서 일찍이 본 적 없는 전염병의 전 세계적 확산으로 우리는 사람이 사람을 직접 만나는 일상이 공포로 여겨지는 것을 경험했다. 실제로 세계 곳곳에서 이민자, 타 인종, 타 문화 등의 '이방성'을 향한 증오가 난무하는 것을 목도해야만 했다. 사람들은 공포로 타인을 멀리할 뿐 아니라 이방인을 적대시했고, 휴지 같은 필수품을 하나라도 더 차지하려고 몸싸움을 벌이기도 했다. 미국과 유럽 등 의료시스템이 붕괴된 나라에서 환자들을 치료하며 사투를 벌이는 의료진이 SNS에 올린 메시지들은 지금이 21세기라는 것을 믿을 수 없게 만들었다. 지구 곳곳의 국지성 호우, 49일 연속해서 내리는 비, 꺼지지 않는 산불, 해양 생물들의 떼죽음, 대륙 곳곳에서 가속화되는 사막화 소식 등은 우리가 살고 있는 이곳 지구가 거주 불능의 터전이 되어가고 있음을, 그리고 그 일을 자초한 것이 바로 우리임을 뼈저리게 마주하게 했다.

이런 세상을 보게 될지 몰랐다. 인간 의식의 진보와 과학기술에 대한 자신감이 하늘을 찌르는 이 21세기에 이렇게 한갓 폐렴 때문에 사람들이 죽어나가는 것을 속절없이 지켜보게 될 줄, 고작 화장지 때문에 사람들이 치고 박고 싸우는 이런 세상을 보게 될 줄은 몰랐다. 달에 우주선을 쏘아 올릴 수는 있어도 바이러스, 먼지, 폭우와 산불은 막지 못하다니! 인류는 결국 식량 부족으로 멸망하게 될 것이라는 공상과학 소설들의 오래된 테마는 결코 허무맹랑한 것이 아니었나 보다. 아, 인간의 그 무력함과 보잘것없음이라니! 전 세계적으로 확진자가 폭증하고 유럽의 마트에서 사람들이 화장지 때문에 몸싸움을 벌이던 지난 어느 봄날, 전염병으로 드러나게 된 우리 인류의 비루함을 견딜 수 없었던 나는 집 앞 아파트 화단에 활짝 핀 목련 앞에서 부끄러움을 참을 수 없어 펑펑 울었다. 아름답게 피어서 지는 그 목련 앞에 나의 인간다움이 왠지 초라해서 속절없이 눈물이 났다

그래서 나는 지난 1년 동안 이 물음에 휩싸여 존재적 불안과 심려로 깊이 침잠했었다. '이제 우리는 어디로 가야 하는가?'

최근 우리 사회는 전 지구적인 바이러스 전염으로 인해, '언컨택트 (uncontact)'가 삶의 새로운 기준이 되는 시대로 급속히 그리고 강력하게 재편되고 있다. 세계를 강타한 전염병으로 가속화된 언컨택트 경향은 많은

사람들이 다양한 유형의 스마트 디바이스를 통해 타인을 대면하지 않고도 일, 여가, 교육 등의 우리 일상을 영위할 수 있는 디지털 기술의 편이를 더 강력히 추구하게 되었다. 우리는 불특정 다수의 타인을 직접 대면하는 일을 꺼리게 되었고, 사회적 관계망 속에 있는 타인과도 최대한 접촉하지 않는 상태로 연결되기를 원하게 되었으며 이러한 것을 가능하게 해주는 디지털 기술에 더욱 집중하며 그것의 가치를 추구하게 되었다. 이로 인해 그동안 진행되어오던 '4차 산업시대' 혹은 '고도 정보지능 사회'는 이제 더 이상 미래 개념이 아니라 우리의 삶 구석구석을 파고들어 일상의 많은 부분이 미래 기술로 채워지고 있다(김용섭, 2020; 이지성, 2019). 우리는 지금 지인을 대하는 방식, 새로운 사람과 관계 맺는 법, 배우고 가르치는 방법 등의 전 영역에서 새로운 사회적 기준을 요구하는 이른바, 뉴노멀의 시대를 맞이한 셈이다. 이제 이 코로나 사태가 종식이 된다 하더라도 우리의 삶은 그 이전과 똑같은 모습으로 되돌아갈 수는 없을 것이다.

　　이러한 팬데믹 사태로 인한 4차 산업사회, 언컨택트 사회, AI 정보지능 사회로의 가속화는 노동시장과 교육 현장의 변화와 같이 사회의 다차원적 변화를 야기함으로써 우리에게 여러 가지 불확실성과 불안을 마주하게 한다. AI가 인간 노동의 많은 부분을 대체하고, 학교의 경계가 해체되며, 사람과 사람이 대면을 최소화하는 방식의 삶이라는 공상과학의 미래가 우리가 감각하는 삶의 실제가 됨으로써 우리의 구체적 삶과 인간 존재로서의 미래에 대한 불안과 불확실성이 증폭되는 것이다.

이러한 변화가 누군가에는 기회일 수도 있으나 대부분의 많은 구성원들에는 위기가 될 수 있다. 이러한 위기에 대응하기 위해서 사회 구성원들이 기댈 수 있는 사회적 자원은 바로 자신이 신뢰하고, 또 자신을 신뢰하는 사람들과의 얽힘으로 이루어진 사회적 관계망이다. 이러한 사회적 관계망은 인간 삶의 다양한 어려움과 위기 속에서도 사회 구성원들이 자신들의 삶을 건강하게 지속할 수 있도록 지지하는 사회적 자본의 핵심 요소다(김도일, 2017; Putnam, 1995). 4차 산업과 팬데믹의 위기에 대한 대응으로서 사회적 관계망의 중요성은 사학자 유발 하라리가 전 지구적 팬데믹 위기에 대한 대응으로 이야기한 "시민의 자율 능력"과 전 지구적인 "광범위한 연대"를 고려해볼 때 더욱 절실하다.

영국의 레가툼 연구소에서 조사한 2019년 레가툼 국가별 번영지수에 따르면 우리나라의 사회적 자본 순위는 총 167개국 중 142위로 조사되었다(Legatum, 2019). 이 조사 결과가 더욱 놀라운 것은 레가툼 연구소가 번영지수의 요소들로 제안한 12가지만 보면 우리나라의 번영지수 종합 순위가 29위라는 점이다. 전체적인 번영지수의 종합 결과는 168개국 중 상위 30% 수준이며, '교육' 및 '건강', '경제의 질' 등이 각각 2, 4, 10위로 상위 수준인 반면, 극명하게 대조적으로 '사회적 자본'의 항목은 142위로 하위 20% 수준인 것이다.

위와 같은 조사 결과는 우리 사회가 갖춘 경제, 사회 안전, 개인의 자유, 건강과 의료, 주거 환경 등의 삶의 제반 영역 중에서 가장 약한 고리가

아이 함께 키우며 더불어 살아가기

'사회적 자본'임을 이야기한다. 이는 고도의 기술 발전과 급속한 4차 산업 사회로의 재편, 전염병의 팬데믹 사태와 같이 삶의 불안정성이 더욱 극대화되는 이 시점에 우리 사회의 약한 지점이 어디인지를 잘 보여주는 셈이다. 이는 우리 사회 구성원들이 보고하는 개인과 조직에 대한 신뢰, 사회적 관계망, 시민 사회의 참여는 여전히 미흡하다는 것을 의미한다. 또 지금 이 팬데믹을 맞은, 급격한 변화의 디지털 4차 산업사회에서 우리에게 더 절실히 필요한 것이 바로 사회적 자본이다.

　　그리고 여기, 호혜적 신뢰관계를 기반으로 하여 지속가능한 사회적 연결망을 구축한 사례가 바로 아이 함께 키우기를 통해 '함께 사는 삶'을 실현해나가는 공동육아조합들이다. 삶의 일상을 교육과 육아의 공동체를 만드는 것으로 채워나가고 있는 이들의 실천은 4차 산업사회가 본격화되고 디지털 기술이 고도화되는 정보지능 시대를 살아가야 할 우리에게 미래의 불안정성에 대비하고, 개인이 처할 수 있는 다양한 삶의 위기에 대응하는 사회적 인프라, 즉 사회적 자본을 구축하는 일이다. 육아·교육 공동체를 지향하는 구름산자연학교 사람들 또한 혈연관계나 어떠한 이해관계의 얽힘 없이도 아이를 함께 잘 키우고자 하는 공통의 관심을 통해 만나서로를 알아가고 여러 가지 모양으로 얽혀가면서 '나만큼이나 내 아이를 잘 알고 사랑하는 이들'이 생기는 경험을 통해 이 각박한 개별 경주의 현실 속에서 '기댈 곳'을 만들어낸 것이다. 그렇게 구름산 사람들은 내 아이를 넘어서 '우리'의 아이로 나아가며, 우리 아이들의 행복과 미래를 위해 또 나 자신의 참 삶을 위해 무엇이 최선인지를 끝없이 고민하고 모색함으로써 서로에게 기댈 곳이 되어주고 있다. 이러한 구름산자연학교와 같은 공동체야말로 디지털 4차 산업시대와 정보지능의 미래를 살아가야 할 오늘 우리에게, 그리고 팬데믹의 위기 한복판을 지나면서 사회적 연대가 무너지고 있는 지금 우리 사회에서 어쩌면 가장 절실한 사회적 자본이 아닐까?

앞으로 구름산자연학교, 그리고 다른 많은 공동육아조합과 대안적 교육 공동체들의 미래가 어떻게 될지 가늠할 수 없다. 우리의 이상이나 바람과는 달리, 잔인했던 지난 2020년 한 해 동안에도 이미 몇몇 공동육아조합이 문을 닫았다. 아이들은 줄어들었고, 공동육아조합에 관심을 가지는 부모들도 줄어들었으며, 팬데믹 위기가 불어넣은 타인의 존재 자체에 대한 불안감은 사람과 사람 간의 호혜성을 바탕으로 하는 공동체 만들기를 어렵게 하고 있다. 이런 뉴노멀시대에 자신들의 비용과 참여의 수고를 들여 주인의 책임이 요구되는 조합이라는 공동체를 이루고자 하는 이들은 줄어들었고 앞으로는 더욱 드물게 될 것이다. 게다가 우리는 여전히 아직도 끝나지 않은 전염병의 위기 그 한가운데를 지나고 있다. 그리고 이 팬데믹이 야기한 삶의 방식에 대한 엄청난 변화는 여전히 진행 중이다. 치료제와 백신이 널리 보급되어 코로나 팬데믹의 위기가 지나간다 하더라도 우리의 삶은 이제 이전과 똑같지는 않을 것이다. 온통, 모든 것이 불확실성으로 가득 찬 오늘이다.

아이 함께 키우며 더불어 살아가기

그래서 고백하건대, 나는 어떤 문장으로 이 책을 마무리해야 할지, 어디로 나가야 하는 것인지 여전히 알지 못한다. 나와 우리 아이들이, 내 생의 수많은 사랑하는 아이들이 어디로 가야 하는지 모르겠다. 22세기는 오지 않을 것만 같이 우리의 미래가 불확실성으로 가득 찬 지금, 연구자로서 나는 우리의 삶과 배움(과 교육)이 어디로 향해야 할지 그 출구를 지시할 수 없다. 다만, 살아갈 뿐이다. 입구도 출구도 없이 그리고, 그리고, 그리고, 로 끝없이 이어지는 중간지대인 '고원'처럼!

입구도 출구도 찾지 못한 나는 구름산자연학교 교사 옹달샘이 이 책의 초고를 읽고서 보내온 메일로 이 책의 마지막을 대신하고자 한다.

아… 반딧불~♡

고맙습니다!!

아주 큰 위로와 격려가 됩니다!!

반딧불의 글,

매번 찬찬히 읽으며

우리를

살아온 날을

돌아보며

만감이 교차했습니다.

반딧불의 애정과 열정에

존경과 사랑을 전합니다~

코로나19 이후를 고민합니다.

공동체 내에서

위험이나 불안,

그 대처 방법에 대한

각각 다른 감수성을 갖고 있습니다.

그러나 우리 공동체 내에서

서로 연결되어 있다는 믿음과 신뢰를 쌓는 일,

함께 이겨낼 수 있다는 확신을 다지는 일,

서로의 불안과 염려에 대해 공감하고 지지하는 일이

우리의 과제로 여겨집니다.

그럼에도 불구하고~

우리는 이겨낼 수 있습니다.

반딧불처럼 든든한 지원군들이 계시니까요~

-옹달샘 드림

아이 함께 키우며 더불어 살아가기

나는 어렸을 땐 선생님이 무서웠다. 열 명 중 한 명 정도만 안 무서웠다.

그래서 선생님이란 직업이 몹시 싫었다.

선생님과 친한 아이들은 공부를 잘했거나 집이 부자였다.

지금 50이 넘은 나이에도 학교 교무실은 아직도 무섭다.

난 나의 두 딸을 그런 학교에 보내기가 싫었다.

난 우리 아이들이 선생님을 가까이할 수 있고, 질문할 수 있고, 장난
칠 수 있고, 화낼 수 있고, 울 수 있고, 웃을 수 있고, 고민을 말할 수 있는
그런 선생님이 있는 곳에 보내고 싶었다 .

그런데 그런 곳은 없었다.

하지만 부러, '자연학교를 시작해야지' 하는 맘으로 시작한 것은 아니다.

너무나 자연스럽게 난 아이들의 자유로운 모습을 그리며, 내 아이들
을 보낼 수 있는 그런 학교를 만들고 싶은 그런 마음으로 자연학교를 시작
하게 되었다.

운명이었다.

아이들이 자유롭고 신나게 숲에서 뛰어놀게 하고 싶었다.

그러다 지치면 늘어져 있고, 배고프면 맛난 간식도 먹고, 그렇게 지내는 걸 보고 싶었다.

처음엔 그게 정말 원시인 부족같이 보이기도 했다. 아이들이 싸우면 싸우는 대로, 넘어져 다치면 다치는 대로, 먹다 토하면 토하는 대로 아이들의 모든 것은 그냥 받아들여지고 있었다.

시간은 흘러 시대가 변하고 이제 자연학교도 걸음마를 떼던 아이에서 청년이 되어갔다.

이제 젊은 학부모들은 안전을 최우선하게 되었다. 그러면서 자연학교는 원시인에서 시골 마을 사람이 되어갔다. 그래도 부디 바쁜 도시 어른처럼 되지는 않길, 자연학교에서의 모든 이들의 의견과 철학이 받아들여지길 바랐다. 이곳 자연학교에선 폭력을 뺀 모든 다양함이 있는 그대로 받아들여지길 바랐다.

자연학교에 머문 모든 아이들과 부모들이 화려하거나 너무 아름답진 않아도 잔잔한 추억을 가슴에 담고 살아가길 바랐다.

나는 이곳이 지나치게 커지지 않는, 그저 아주 조금 성장할 수 있는 곳이길 바랐다.

이제 자연학교는 20년을 향해 간다.

여전히 이곳에선 선배들이 구르던 방바닥에서 작은 아이들이 구르고 있다. 학교가 힘든 시간도 있었고 의기양양하던 시절도 있었고 이제는 또

아이 함께 키우며 더불어 살아가기

한 해 한 해가 어떻게 흘러갈지 알 수 없는 시간들이다. 하지만 나는 여전히 앞으로 이곳에서 많은 작은 아이들이 구르게 될 것을 기대한다.

우리 구름산자연학교에 관한 책이 나오리라 상상도 못 했다.

초고를 받아 읽는 내내 우리가 지나왔던 지난 20년의 시간을 돌아보며 많은 생각을 했다.

소중하고 값진 선물을 받은 느낌이다.

길지 않은 그렇다고 짧지만은 않은 반딧불과의 관계에서 얻은 소중한 추억이 담긴 사진첩 같은 이 책이 나에겐 소름 돋을 만큼 짜릿하고 행복하다.

작고, 누추하고, 내세울 것 하나 없는 이 작은 학교가 뭐라고 책까지….

참 고맙습니다.

- 우주 배덕현

엄마들이 손수 만든 구름산 아이들 가방

아이 함께 키우며 더불어 살아가기

참고문헌

김도일(2017). *더불어 행복한 삶을 위한 플랫폼: 마을교육공동체. 장신논단*, 49(4), 399-435.

김용련(2019). *마을교육공동체: 생태적 의미와 실천*. 서울: 살림터.

김용섭(2020). *언컨택트*. 서울: 퍼블리온.

이지성(2019). *에이트*. 서울: 차이정원.

전가일(2013). *유아의 자유놀이에서 관계맺기에 대한 현상학적 연구*. 서울대학교 대학원 박사학위논문.

_____(2014). 전문대학 유아교육과에서 좋은 수업 만들어 가기: 해석학적 질문과 대화를 통한 실행 연구. *교육인류학연구*, 17권 2호, 59~110.

_____(2017). 아동의 삶에서 놀이는 어떤 의미일까? 아동학 강의. 서울대학교 아동학 연구실 편저. 서울: 학지사.

_____(2018a). 한 호주 놀이터의 물질성을 통해 본 놀이의 의미에 대한 포토에세이 연구. *교육인류학연구*, 21권 4호, 121~166.

_____(2018b). 인간/비인간의 위계를 넘어 인간과 자료의 내부작용(intra-action)으로. 한국교육인류학회 2018년 추계학술대회 자료집.

_____(2019). 들뢰즈와 가타리의 '기계'와 '배치'를 통해 '교육'과 '배움' 새롭게 사유하기. 한국교육인류학회 2019년 추계학술대회 자료집.

_____(2020a). 물질은 어떻게 아이들과 더불어 운동하는가?. *미래학교를 위한 놀이와 교육*, 275-305. 서울: 교육과학사.

_____(2020b). 그들의 왜 기꺼이 어려움을 감수하는가?: 한 공동육아조합원들의 공동육아 경험을 통해 본 사회적 육아의 의미. *미래교육학연구*, 33(2), 127-155.

정낙림(2020). 놀이의 철학과 아곤의 교육. *미래학교를 위한 놀이와 교육*, 65-98. 서울: 교육과학사.

편해문(2015). *놀이터, 위험해야 안전하다*. 서울: 소나무.

Bourdieu, P.(1986). The Forms of Capital in J., G. Richardson (ed.). *Handbook of Theory and Research for the Sociology of education*. CT: Greenwood Press.

Coleman, J. S.(1990). *Foundations of Social Theory*. Cambridge: Harvard University Press.

Deleuze, G.(1968). Différénce et Répétition. 김상환 역(2004). *차이와 반복*. 서울: 민음사.

_____(1964). Proust et les signes. 소동욱·이충민 역(1997). *프루스트와 기호들*. 서울: 민음사.

_____(1988). Le Pli, Leibniz et le Baroque. 이찬웅 역(2004). *주름, 라이프니츠와 바로크*. 서울: 문학과지성사.

Deleuze, G. & Guattari, F.(1980). Mille Plateaux: capitalism et schizophrenie 2. 김재인 역(2001). *천 개의 고원*. 서울: 새물결.

Gadamer, H. G.(1960). *Wahrheit und Methode*. 이길우·이선관·임호일·한동원 역(2000). *진리와 방법*. 서울: 문학동네.

Gatto, J. T.(1992). *Dumbing us down: The hidden curriculum of compulsory schooling*. 김기협 역(2004). *바보 만들기*. 서울: 민들레.

Gray, P.(2014). The decline of play. Ted 강의. https://www.youtube.com/watch?v=Bg-GEzM7iTk.

King, N. R.(1982). Work and play in the classroom. *Social Education*, 46, 110-113.

Legatum Institute(2019). The Legatum Prosperity Index.
https://www.prosperity.com에서 5월 30일 인출

Pancini-Ketchabaw, V., Kind, S. & L. M. Kocher, L.(2017). *Encounters With Materials in Early Childhood Education*. NY: Routledge.

Pearson, K-A.(1997). *Viroid Life: Perspectives on Nietzsche and Transhuman Condition*. New York and London: Routledge. 최승현 역(2019). 바이로이드적 생명: 니체와 탈인간의 조건. 서울: 그린비.

Putnam, R.(1995). Bowling Alone: America's Declining Social Capital. *Journal of Demicracy*, 6(1), 65-78.

Sellers, M.(2013). *Young Children Becoming Curriculum: Deleuze, Te Whariki and curricular understandings*. London & NY: Routledge.

Taguchi, H. L.(2010). *Going Beyond the Theory/Practice Divide in Early Childhood Education: Introducing an intra-active pedagogy*. 신은미·안효진·유혜령·윤은주·이진희·임부연·전가일·한선아·변윤희 역(2018). 들뢰즈와 내부작용 유아교육: 이론과 실제 구분 넘어서기. 서울: 창지사.

Van Manen, M.(1986). The tone of teaching, 정관순·김선영 역(2012). *가르친다는 것의 의미*. 서울 : 학지사.

Van Manen, M.(2014). *Phenomenology of practice*. CA: Left Coast Press.

Villani, A. and Sasso, R.(2003). *Le Vocabulaire de Gilles Deleuze*. 신지영 역(2013). 들뢰즈 개념어 사전. 서울: 갈무리.

Wing, L. A.(1995). Play is not the work of the child: Young children's perception of work and play. *Early child Research Quarterly*, 10, 223-247.

이 책이 나오기까지
많은 분들의 성원과 격려가 있었습니다.
특별히, 구름산자연학교를 응원하는 후원금과 함께
초고를 받아 읽고 의견을 주셨던
53명의 후원자 여러분께 감사드립니다.

강진아 강현정 고드름 권경선 김경미 김단 김수정 김아람 김현주
김호현 나보연 장인철 동치미 딸기 류정인 목광수 박상신 박선미
박순용 박유정 박은애 반달 백은성 별똥 송이 신재현 오덕렬
옹달샘 우주 우현경 유상미 유효정 윤나랑 윤상희 이보람 이영경
이영태 이은지 이은하 이지완 장독대 전예주 전예하 전우창 정은혜
정지수 조은기 조정호 최지현 최승현 최현경 항아리 황윤석

아이 함께 키우며 더불어 살아가기

삶의 행복을 꿈꾸는 교육은 어디에서 오는가?

미래 100년을 향한 새로운 교육
혁신교육을 실천하는 교사들의 **필독서**

● **교육혁명을 앞당기는 배움책 이야기** 혁신교육의 철학과 잉걸진 미래를 만나다!

한국교육연구네트워크 총서

01 핀란드 교육혁명
한국교육연구네트워크 엮음 | 320쪽 | 값 15,000원

02 일제고사를 넘어서
한국교육연구네트워크 엮음 | 284쪽 | 값 13,000원

03 새로운 사회를 여는 교육혁명
한국교육연구네트워크 엮음 | 380쪽 | 값 17,000원

04 교장제도 혁명
한국교육연구네트워크 엮음 | 268쪽 | 값 14,000원

05 새로운 사회를 여는 교육자치 혁명
한국교육연구네트워크 엮음 | 312쪽 | 값 15,000원

06 혁신학교에 대한 교육학적 성찰
한국교육연구네트워크 엮음 | 308쪽 | 값 15,000원

07 진보주의 교육의 세계적 동향
한국교육연구네트워크 엮음 | 324쪽 | 값 17,000원
2018 세종도서 학술부문

08 더 나은 세상을 위한 학교혁명
한국교육연구네트워크 엮음 | 404쪽 | 값 21,000원
2018 세종도서 교양부문

09 비판적 실천을 위한 교육학
이윤미 외 지음 | 448쪽 | 값 23,000원
2019 세종도서 학술부문

10 마을교육공동체운동:
   세계적 동향과 전망
심성보 외 지음 | 376쪽 | 값 18,000원

11 학교 민주시민교육의 세계적 동향과 과제
심성보 외 지음 | 308쪽 | 값 16,000원

12 학교를 민주주의의 정원으로
   가꿀 수 있을까?
성열관 외 지음 | 272쪽 | 값 16,000원

한국교육연구네트워크 번역 총서

01 프레이리와 교육
존 엘리아스 지음 | 한국교육연구네트워크 옮김
276쪽 | 값 14,000원

02 교육은 사회를 바꿀 수 있을까?
마이클 애플 지음 | 강희룡·김선우·박원순·이형빈 옮김
356쪽 | 값 16,000원

03 비판적 페다고지는
   세상을 변화시킬 수 있는가?
Seewha Cho 지음 | 심성보·조시화 옮김 | 280쪽 | 값 14,000원

04 마이클 애플의 민주학교
마이클 애플·제임스 빈 엮음 | 강희룡 옮김 | 276쪽 | 값 14,000원

05 21세기 교육과 민주주의
넬 나딩스 지음 | 심성보 옮김 | 392쪽 | 값 18,000원

06 세계교육개혁:
   민영화 우선인가 공적 투자 강화인가?
린다 달링-해먼드 외 지음 | 심성보 외 옮김 | 408쪽 | 값 21,000원

07 콩도르세, 공교육에 관한 다섯 논문
니콜라 드 콩도르세 지음 | 이주환 옮김 | 300쪽 | 값 16,000원
2019세종도서학술부문

08 학교를 변론하다
얀 마스켈라인·마틴 시몬스 지음 | 윤선인 옮김
252쪽 | 값 15,000원

09 존 듀이와 교육
짐 개리슨 외 지음 | 심성보 외 옮김 | 376쪽 | 값 19,000원

4·16, 질문이 있는 교실 마주이야기 통합수업으로 혁신교육과정을 재구성하다!

 통하는 공부
김태호·김형우·이경석·심우근·허진만 지음
324쪽 | 값 15,000원

 내일 수업 어떻게 하지?
아이함께 지음 | 300쪽 | 값 15,000원
2015 세종도서 교양부문

 인간 회복의 교육
성래운 지음 | 260쪽 | 값 13,000원

 교과서 너머 교육과정 마주하기
이윤미 외 지음 | 368쪽 | 값 17,000원

 수업 고수들
수업·교육과정·평가를 말하다
박현숙 외 지음 | 368쪽 | 값 17,000원

 도덕 수업, 책으로 묻고 윤리로 답하다
울산도덕교사모임 지음 | 320쪽 | 값 15,000원

 체육 교사, 수업을 말하다
전용진 지음 | 304쪽 | 값 15,000원

 교실을 위한 프레이리
아이러 쇼어 엮음 | 사람대사람 옮김 | 412쪽 | 값 18,000원

 마을교육공동체란 무엇인가?
서용선 외 지음 | 360쪽 | 값 17,000원

 교사, 학교를 바꾸다
정진화 지음 | 372쪽 | 값 17,000원

 함께 배움
학생 주도 배움 중심 수업 이렇게 한다
니시카와 준 지음 | 백경석 옮김 | 280쪽 | 값 15,000원

 공교육은 왜?
홍섭근 지음 | 352쪽 | 값 16,000원

 자기혁신과 공동의 성장을 위한
교사들의 필리버스터
윤양수·원종희·장군·조경삼 지음 | 280쪽 | 값 14,000원

 함께 배움 이렇게 시작한다
니시카와 준 지음 | 백경석 옮김 | 196쪽 | 값 12,000원

 함께 배움 교사의 말하기
니시카와 준 지음 | 백경석 옮김 | 188쪽 | 값 12,000원

 교육과정 통합, 어떻게 할 것인가?
성열관 외 지음 | 192쪽 | 값 13,000원

 학교 혁신의 길, 아이들에게 묻다
남궁상운 외 지음 | 272쪽 | 값 15,000원

 미래교육의 열쇠, 창의적 문화교육
심광현·노명우·강정석 지음 | 368쪽 | 값 16,000원

 주제통합수업, 아이들을 수업의 주인공으로!
이윤미 외 지음 | 392쪽 | 값 17,000원

 수업과 교육의 지평을 확장하는 수업 비평
윤양수 지음 | 316쪽 | 값 15,000원
2014 문화체육관광부 우수교양도서

 교사, 선생이 되다
김태은 외 지음 | 260쪽 | 값 13,000원

 교사의 전문성, 어떻게 만들어지나
국제교원노조연맹 보고서 | 김석규 옮김 392쪽 | 값 17,000원

 수업의 정치
윤양수·원종희·장군 지음 | 280쪽 | 값 14,000원

 학교협동조합,
현장체험학습과 마을교육공동체를 잇다
주수원 외 지음 | 296쪽 | 값 15,000원

 거꾸로 교실,
잠자는 아이들을 깨우는 수업의 비밀
이민경 지음 | 280쪽 | 값 14,000원

 교사는 무엇으로 사는가
정은균 지음 | 292쪽 | 값 15,000원

 마음의 힘을 기르는 감성수업
조선미 외 지음 | 300쪽 | 값 15,000원

 작은 학교 아이들
지경준 엮음 | 376쪽 | 값 17,000원

 아이들의 배움은 어떻게 깊어지는가
이시이 쥰지 지음 | 방지현·이창희 옮김 | 200쪽 | 값 11,000원

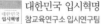 **대한민국 입시혁명**
참교육연구소 입시연구팀 지음 | 220쪽 | 값 12,000원

 교사를 세우는 교육과정
박승열 지음 | 312쪽 | 값 15,000원

 전국 17명 교육감들과 나눈 교육 대담
최창의 대담·기록 | 272쪽 | 값 15,000원

 들뢰즈와 가타리를 통해 유아교육 읽기
리세롯 마리엣 올슨 지음 | 이연선 외 옮김 | 328쪽 | 값 17,000원

 학교 민주주의의 불한당들
정은균 지음 | 276쪽 | 값 14,000원

프레이리의 사상과 실천
사람대사람 지음 | 352쪽 | 값 18,000원
2018 세종도서 학술부문

혁신학교, 한국 교육의 미래를 열다
송순재 외 지음 | 608쪽 | 값 30,000원

페다고지를 위하여
프레네의『페다고지 불변요소』읽기
박찬영 지음 | 296쪽 | 값 15,000원

노자와 탈현대 문명
홍승표 지음 | 284쪽 | 값 15,000원

선생님, 민주시민교육이 뭐예요?
염경미 지음 | 244쪽 | 값 15,000원

어쩌다 혁신학교
유우석 외 지음 | 380쪽 | 값 17,000원

미래, 교육을 묻다
정광필 지음 | 232쪽 | 값 15,000원

대학, 협동조합으로 교육하라
박주희 외 지음 | 252쪽 | 값 15,000원

입시, 어떻게 바꿀 것인가?
노기원 지음 | 306쪽 | 값 15,000원

촛불시대, 혁신교육을 말하다
이용관 지음 | 240쪽 | 값 15,000원

라운드 스터디
이시이 데루마사 외 엮음 | 224쪽 | 값 15,000원

미래교육을 디자인하는 학교교육과정
박승열 외 지음 | 348쪽 | 값 18,000원

흥미진진한 아일랜드 전환학년 이야기
제리 제퍼스 지음 | 최상덕·김호원 옮김 | 508쪽 | 값 27,000원

폭력 교실에 맞서는 용기
따돌림사회연구모임 학급운영팀 지음 | 272쪽 | 값 15,000원

그래도 혁신학교
박은혜 외 지음 | 248쪽 | 값 15,000원

학교는 어떤 공동체인가?
성열관 외 지음 | 228쪽 | 값 15,000원

교사 전쟁
다나 골드스타인 지음 | 유성상 외 옮김 | 468쪽 | 값 23,000원

시민, 학교에 가다
최형규 지음 | 260쪽 | 값 15,000원

교육과정, 수업, 평가의 일체화
리사 카터 지음 | 박승열 외 옮김 | 196쪽 | 값 13,000원

학교를 개선하는 교장
지속가능한 학교 혁신을 위한 실천 전략
마이클 풀란 지음 | 서동연·정효준 옮김 | 216쪽 | 값 13,000원

공자뎐, 논어는 이것이다
유문상 지음 | 392쪽 | 값 18,000원

교사와 부모를 위한 발달교육이란 무엇인가?
현광일 지음 | 380쪽 | 값 18,000원

교사, 이오덕에게 길을 묻다
이무완 지음 | 328쪽 | 값 15,000원

낙오자 없는 스웨덴 교육
레이프 스트란드베리 지음 | 변광수 옮김 | 208쪽 | 값 13,000원

끝나지 않은 마지막 수업
장석웅 지음 | 328쪽 | 값 20,000원

경기 꿈의 학교
진흥섭 외 지음 | 360쪽 | 값 17,000원

학교를 말한다
이성우 지음 | 292쪽 | 값 15,000원

행복도시 세종, 혁신교육으로 디자인하다
곽순일 외 지음 | 392쪽 | 값 18,000원

나는 거꾸로 교실 거꾸로 교사
류광모·임정훈 지음 | 212쪽 | 값 13,000원

교실 속으로 간 이해중심 교육과정
온정덕 외 지음 | 224쪽 | 값 13,000원

교실, 평화를 말하다
따돌림사회연구모임 초등우정팀 지음 | 268쪽 | 값 15,000원

학교자율운영 2.0
김용 지음 | 240쪽 | 값 15,000원

학교자치를 부탁해
유우석 외 지음 | 252쪽 | 값 15,000원

국제이해교육 페다고지
강순원 외 지음 | 256쪽 | 값 15,000원

선생님, 페미니즘이 뭐예요?
염경미 지음 | 280쪽 | 값 15,000원

평화의 교육과정 섬김의 리더십
이준원·이형빈 지음 | 292쪽 | 값 16,000원

학교를 살리는 회복적 생활교육
김민자·이순영·정선영 지음 | 256쪽 | 값 15,000원

 교사를 위한 교육학 강의
이형빈 지음 | 336쪽 | 값 17,000원

 새로운학교 학생을 날게 하다
새로운학교네트워크 총서 02 | 408쪽 | 값 20,000원

 세월호가 묻고 교육이 답하다
경기도교육연구원 지음 | 214쪽 | 값 13,000원

 미래교육, 어떻게 만들어갈 것인가?
송기상·김성천 지음 | 300쪽 | 값 16,000원
2019 세종도서 교양부문

 교육에 대한 오해
우문영 지음 | 224쪽 | 값 15,000원

 혁신교육지구 현장을 가다
이용운 외 지음 | 348쪽 | 값 18,000원

 배움의 독립선언, 평생학습
정민승 지음 | 240쪽 | 값 15,000원

 서울의 마을교육
이용운 외 10인 지음 | 352쪽 | 값 18,000원

 학습격차 해소를 위한 새로운 도전: 보편적 학습설계 수업
조윤정 외 3인 지음 | 225쪽 | 값 15,000원

 물질의 새로운 만남
베로니카 파치니-케처바우 지음 | 이연선 외 옮김
240쪽 | 값 15,000원

 수포자의 시대
김성수·이형빈 지음 | 252쪽 | 값 15,000원

 혁신학교와 실천적 교육과정
신은희 지음 | 236쪽 | 값 15,000원

 삶의 시간을 잇는 문화예술교육
고영직 지음 | 292쪽 | 값 16,000원

 혐오, 교실에 들어오다
이혜정 외 지음 | 232쪽 | 값 15,000원

 혁신교육지구와 마을교육공동체는 어떻게 만들어지는가?
김태정 지음 | 376쪽 | 값 18,000원

 선생님, 특성화고 자기소개서 어떻게 써요?
이지영 지음 | 322쪽 | 값 17,000원

 학생과 교사, 수업을 묻다
전용진 지음 | 344쪽 | 값 18,000원

 혁신학교의 꽃, 교육과정 다시 그리기
안재일 지음 | 344쪽 | 값 18,000원

 교육혁신의 시대 배움의 공간을 상상하다
함영기 외 13인 지음 | 264쪽 | 값 17,000원

 평화와 인성을 키우는 자기우정
따돌림사회연구모임 우정팀 지음 | 240쪽 | 값 15,000원

 미래교육을 열어가는 배움중심 원격수업
하늘빛중학교 원격수업연구회 지음 | 332쪽 | 값 17,000원

● 살림터 참교육 문예 시리즈 영혼이 있는 삶을 가르치는 온 선생님을 만나다!

 꽃보다 귀한 우리 아이는
조재도 지음 | 244쪽 | 값 12,000원

 성깔 있는 나무들
최은숙 지음 | 244쪽 | 값 12,000원

 아이들에게 세상을 배웠네
명혜정 지음 | 240쪽 | 값 12,000원

 밥상에서 세상으로
김흥숙 지음 | 280쪽 | 값 13,000원

 우물쭈물하다 끝난 교사 이야기
유기창 지음 | 380쪽 | 값 17,000원

 오천년을 사는 여자
염경미 지음 | 272쪽 | 값 16,000원

 선생님이 먼저 때렸는데요
강병철 지음 | 248쪽 | 값 12,000원

 서울 여자, 시골 선생님 되다
조경선 지음 | 252쪽 | 값 12,000원

 행복한 창의 교육
최창의 지음 | 328쪽 | 값 15,000원

 북유럽 교육 기행
정애경 외 14인 지음 | 288쪽 | 값 14,000원

 시험 시간에 웃은 건 처음이에요
조규선 지음 | 252쪽 | 값 15,000원

평화샘 프로젝트 매뉴얼 시리즈 학교폭력에 대한 근본적인 예방과 대책을 찾는다

학교폭력 어떻게 만들어지는가
문재현 외 지음 | 300쪽 | 값 14,000원

아이들을 살리는 동네
문재현·신동명·김수동 지음 | 204쪽 | 값 10,000원

학교폭력, 멈춰!
문재현 외 지음 | 348쪽 | 값 15,000원

평화! 행복한 학교의 시작
문재현 외 지음 | 252쪽 | 값 12,000원

왕따, 이렇게 해결할 수 있다
문재현 외 지음 | 236쪽 | 값 12,000원

마을에 배움의 길이 있다
문재현 지음 | 208쪽 | 값 10,000원

젊은 부모를 위한 백만 년의 육아 슬기
문재현 지음 | 248쪽 | 값 13,000원

별자리, 인류의 이야기 주머니
문재현·문한뫼 지음 | 444쪽 | 값 20,000원

우리는 마을에 산다
유양우·신동명·김수동·문재현 지음 | 312쪽 | 값 15,000원

동생아, 우리 뭐 하고 놀까?
문재현 외 지음 | 280쪽 | 값 15,000원

누가, 학교폭력 해결을 가로막는가?
문재현 외 지음 | 312쪽 | 값 15,000원

**코로나 19가 앞당긴 미래,
마을에서 찾는 배움길**
문재현 외 5인 지음 | 308쪽 | 값 16,000원

남북이 하나 되는 두물머리 평화교육 분단 극복을 위한 치열한 배움과 실천을 만나다

10년 후 통일
정동영·지승호 지음 | 328쪽 | 값 15,000원

선생님, 통일이 뭐예요?
정경호 지음 | 252쪽 | 값 13,000원

분단시대의 통일교육
성래운 지음 | 428쪽 | 값 18,000원

김창환 교수의 DMZ 지리 이야기
김창환 지음 | 264쪽 | 값 15,000원

한반도 평화교육 어떻게 할 것인가
이기범 외 지음 | 252쪽 | 값 15,000원

포괄적 평화교육
베티 리어든 지음 | 강순원 옮김 | 252쪽 | 값 17,000원

창의적인 협력 수업을 지향하는 삶이 있는 국어 교실 우리말 글을 배우며 세상을 배운다

중학교 국어 수업 어떻게 할 것인가?
김미경 지음 | 340쪽 | 값 15,000원

토론의 숲에서 나를 만나다
명혜정 엮음 | 312쪽 | 값 15,000원

토닥토닥 토론해요
명혜정·이명선·조선미 엮음 | 288쪽 | 값 15,000원

인문학의 숲을 거니는 토론 수업
순천국어교사모임 엮음 | 308쪽 | 값 15,000원

어린이와 시
오인태 지음 | 192쪽 | 값 12,000원

수업, 슬로리딩과 함께
박경숙 외 지음 | 268쪽 | 값 15,000원

언어던
정은균 지음 | 268쪽 | 값 15,000원
2019 세종도서 교양부문

민촌 이기영 평전
이성렬 지음 | 508쪽 | 값 20,000원

감각의 갱신, 화장하는 인민
남북문학예술연구회 | 380쪽 | 값 19,000원

교과서 밖에서 만나는 역사 교실 상식이 통하는 살아 있는 역사를 만나다

 전봉준과 동학농민혁명
조광환 지음 | 336쪽 | 값 15,000원

 남도의 기억을 걷다
노성태 지음 | 344쪽 | 값 14,000원

 응답하라 한국사 1·2
김은석 지음 | 356쪽·368쪽 | 각권 값 15,000원

 즐거운 국사수업 32강
김남선 지음 | 280쪽 | 값 11,000원

 즐거운 세계사 수업
김은석 지음 | 328쪽 | 값 13,000원

 강화도의 기억을 걷다
최보길 지음 | 276쪽 | 값 14,000원

 광주의 기억을 걷다
노성태 지음 | 348쪽 | 값 15,000원

 선생님도 궁금해하는 한국사의 비밀 20가지
김은석 지음 | 312쪽 | 값 15,000원

 걸림돌
키르스텐 세룹-빌펠트 지음 | 문봉애 옮김
248쪽 | 값 13,000원

 역사수업을 부탁해
열 사람의 한 걸음 지음 | 388쪽 | 값 18,000원

 진실과 거짓, 인물 한국사
하성환 지음 | 400쪽 | 값 18,000원

 우리 역사에서 사라진 근현대 인물 한국사
하성환 지음 | 296쪽 | 값 18,000원

 꼬물꼬물 거꾸로 역사수업
역모자들 지음 | 436쪽 | 값 23,000원

 즐거운 동아시아사 수업
김은석 지음 | 240쪽 | 값 15,000원

 노성태, 역사의 길을 걷다
노성태 지음 | 324쪽 | 값 17,000원

 교과서 밖에서 배우는 역사 공부
정은교 지음 | 292쪽 | 값 14,000원

 팔만대장경도 모르면 빨래판이다
전병철 지음 | 360쪽 | 값 16,000원

 빨래판도 잘 보면 팔만대장경이다
전병철 지음 | 360쪽 | 값 16,000원

 영화는 역사다
강성률 지음 | 288쪽 | 값 13,000원

 친일 영화의 해부학
강성률 지음 | 264쪽 | 값 15,000원

 한국 고대사의 비밀
김은석 지음 | 304쪽 | 값 13,000원

 조선족 근현대 교육사
정미량 지음 | 320쪽 | 값 15,000원

 다시 읽는 조선근대 교육의 사상과 운동
윤건차 지음 | 이명실·심성보 옮김 | 516쪽 | 값 25,000원

 음악과 함께 떠나는 세계의 혁명 이야기
조광환 지음 | 292쪽 | 값 15,000원

 논쟁으로 보는 일본 근대 교육의 역사
이명실 지음 | 324쪽 | 값 17,000원

 다시, 독립의 기억을 걷다
노성태 지음 | 320쪽 | 값 16,000원

 한국사 리뷰
김은석 지음 | 244쪽 | 값 15,000원

 경남의 기억을 걷다
류형진 외 지음 | 564쪽 | 값 28,000원

 어제와 오늘이 만나는 교실
학생과 교사의 역사수업 에세이
정진경 외 지음 | 328쪽 | 값 17,000원

더불어 사는 정의로운 세상을 여는 인문사회과학 사람의 존엄과 평등의 가치를 배운다

밥상혁명
강양구·강이현 지음 | 298쪽 | 값 13,800원

도덕 교과서 무엇이 문제인가?
김대용 지음 | 272쪽 | 값 14,000원

자율주의와 진보교육
조엘 스프링 지음 | 심성보 옮김 | 320쪽 | 값 15,000원

민주화 이후의 공동체 교육
심성보 지음 | 392쪽 | 값 15,000원
2009 문화체육관광부 우수학술도서

갈등을 넘어 협력 사회로
이창언·오수길·유문종·신윤관 지음 | 280쪽 | 값 15,000원

동양사상과 마음교육
정재걸 외 지음 | 356쪽 | 값 16,000원
2015 세종도서 학술부문

교과서 밖에서 배우는 철학 공부
정은교 지음 | 280쪽 | 값 14,000원

교과서 밖에서 배우는 사회 공부
정은교 지음 | 304쪽 | 값 15,000원

교과서 밖에서 배우는 윤리 공부
정은교 지음 | 292쪽 | 값 15,000원

한글 혁명
김슬옹 지음 | 388쪽 | 값 18,000원

우리 안의 미래교육
정재걸 지음 | 484쪽 | 값 25,000원

왜 그는 한국으로 돌아왔는가?
황선준 지음 | 364쪽 | 값 17,000원
2019세종도서교양부문

공간, 문화, 정치의 생태학
현광일 지음 | 232쪽 | 값 15,000원

인공지능 시대의 사회학적 상상력
홍승표 지음 | 260쪽 | 값 15,000원

동양사상과 인간 그리고 사회
이현지 지음 | 418쪽 | 값 21,000원

왜 전태일인가
송필경 지음 | 236쪽 | 값 17,000원

놀자선생의 놀이인문학
진용근 지음 | 380쪽 | 값 18,000원

좌우지간 인권이다
안경환 지음 | 288쪽 | 값 13,000원

민주시민교육
심성보 지음 | 544쪽 | 값 25,000원

민주시민을 위한 도덕교육
심성보 지음 | 500쪽 | 값 25,000원
2015 세종도서 학술부문

교과서 밖에서 배우는 인문학 공부
정은교 지음 | 280쪽 | 값 13,000원

오래된 미래교육
정재걸 지음 | 392쪽 | 값 18,000원

대한민국 의료혁명
전국보건의료산업노동조합 엮음 | 548쪽 | 값 25,000원

교과서 밖에서 배우는 고전 공부
정은교 지음 | 288쪽 | 값 14,000원

전체 안의 전체 사고 속의 사고
김우창의 인문학을 읽다
현광일 지음 | 320쪽 | 값 15,000원

카스트로, 종교를 말하다
피델 카스트로·프레이 베토 대담 | 조세종 옮김
420쪽 | 값 21,000원

일제강점기 한국철학
이태우 지음 | 448쪽 | 값 25,000원

한국 교육 제4의 길을 찾다
이길상 지음 | 400쪽 | 값 21,000원
2019세종도서학술부문

마을교육공동체 생태적 의미와 실천
김용련 지음 | 256쪽 | 값 15,000원

교육과정에서 왜 지식이 중요한가
심성보 지음 | 440쪽 | 값 23,000원

식물에게서 교육을 배우다
이차영 지음 | 260쪽 | 값 15,000원

장자와 탈현대
정재걸 외 4인 지음 | 424쪽 | 값 21,000원

한국 세계시민교육이 나아갈 길을 묻다
유네스코태평양 국제이해교육원 지음 | 360쪽 | 값 18,000원

참된 삶과 교육에 관한 생각 줍기